入塾テストなしで、難関校に続々合格する塾の先生が伝授！

それは子どもの学力が伸びるサイン！

進学塾VAMOS《バモス》代表
富永雄輔
Yusuke Tominaga

小学2年～中学3年向け

廣済堂出版

はじめに　子どもはみんな、学力が上がるサインを出している！

私は東京・吉祥寺に本部を置く学習塾「VAMOS（バモス）」の経営者として、すでに10年以上子どもたちの指導にあたってきました。

「どんな子どもでも伸ばす」をモットーに入塾テストなしで、子どもたちを受け入れ、ほかの塾より少人数で丁寧に指導する方針をとっています。

しかし、ありがたいことに、中学受験、高校受験では多くの生徒が難関校に合格し、大学受験でも多くの生徒が難関国立大学や医歯薬、早慶に合格しています。

塾では、私は親御さんが見ていない子どもたちの姿を見られます。

子どもが気になる行動をしたときは、大人がそれを「サイン」とみなし、適切なタイミングでフォローしていけば、学力も思考力もぐっと伸びると実感しています。

一方、長年塾を経営して、非常に強く感じるのは、子どもたちの様子がここ数年で急激に変わったことです。10年前の子どもと今の子どもは、まったく異質であると言っても過言ではありません。

しかし、変わったのは子どもたちだけではなく、この10年の間に人々の生活や社会的な価値観や、学校教育そのものが激変しています。

たとえば、以下のようなものです。

・2020年からの教育（入試）改革
・知識の詰め込みはよくないとされるようになった
・いつでもどこでも動画やゲームに触れられるので、文章に触れる機会が減っている
・社会のグローバル化……etc.

中でも、親が特に感じるのは、

・インターネット社会、スマホ社会の到来

ではないでしょうか？

ネットの人口普及率は2005年末には70%を突破。その後、スマホの普及率は、2014年には全世代平均で60%台、2019年2月には80%台となりました。

物心ついた頃には、まわりにスマホが当たり前にある――そんな世代こそ、私が近頃、塾で出会うようになった子どもたちです。

もちろん、世代間ギャップはいつの時代にも存在します。けれど、変化の早いこの時代は、親と子の世代間ギャップが以前とはまるっきり次元が違うのです。

そしてこのギャップこそが、今の親世代にさまざまな教育の悩みをもたらしています。なぜなら、自分たちが「これが正しい」「こうすべきだ」と教えられてきたことがまったく通用しないからです。

また、共働きや、塾や習い事に毎日のように通う子も増えているため、親が子どもと接する時間は短くなってきています。

そんな中、「うちの子は本当に大丈夫なのだろうか」と不安になることもあるでしょう。

しかし、心配しないでください。**親が心配になる子どもの行動や変化こそが、実は伸びる「サイン」**です。

このサインには、学力だけでなく、好奇心や自立心、思考力なども育まれるヒントが詰まっています。それを親がキャッチ&フォローできれば、たとえ子どもと接する時間が短かろうが、世代間ギャップが大きかろうが大丈夫です。

忙しい親ほど、子どものちょっとした一言や変化を見逃さないようにしましょう。

これがうまくできている親の子どもは成績がスーッと伸びます。

この本では、塾の指導者として子どもの変化を目《ま》の当たりにしながら、激変する教育に向き合い、奮闘している私自身の経験から、今の子どもたちが発するサインの本当の意味や、子どもを伸ばすための「チャンス」や「ピンチ」の生かし方、そしてスマホなどの「デジタルの生かし方」について解き明かしていきます。

ピンチだと思っていたことが実はチャンスだったり、その逆だったりと意外な結果が見えてくるかもしれませんが、かつての常識は今や非常識、というくらいの変化が本当に起こっていることを受け入れていただきたいのです。

親世代とは違う子どもの本当の姿を理解し、彼らの伸びしろを最大限に生かすヒントをこの本からひとつでも得ていただけるとしたら、著者としてこんなにうれしいことはありません。

学習塾ＶＡＭＯＳ代表　富永雄輔

それは子どもの学力が伸びるサイン！　目次

1章 子育ての「ピンチ」を生かせば、子どもを伸ばせる！

2章 よい？ 悪い？ その気になる「変化」は子どもからのサイン！

3章 こんな過ごし方は、子どもを賢くする「チャンス」！

1章

子育ての「ピンチ」を生かせば、子どもを伸ばせる！

子どものことで、
親が「困った！」となるのは日常茶飯事。
明確なピンチだと思うかもしれません。
しかし、それも子どもからの「サイン」だととらえて、
適切な対応をすれば、
子どもの成長をうながすことができます。
そんな具体的な方法をたくさんご紹介します。

ピンチ1

とにかく、勉強したがらない

無理強いせず、宿題だけはきちんとやらせる

親が、「宿題」＋アルファの勉強を子どもにやらせたくても、受験直前でもないのに、そこに意欲を見せる子などほんのひと握りです。

基本的には「やりたくないならやらなくてよい」というのが私の考えです。「勉強をやりたくない」に関しては、ある意味、子どもの「甘え」なので、親は真正面からは向き合わないのも、ひとつの賢いやり方です。ここで「勉強の意味とは〜」などと説教しても、効果はありません。

それどころか、**子どもに無理強いすることで、「勉強大嫌い」にさせてしまったら、もう取り返しがつきません。**現在の「勉強はそれほど好きでない」状態のまま、それ以上は悪化させないようにしましょう。

勉強やりたくないな〜い
アハハ

一方で、**「基礎学力」**はつけておく必要があります。

「基礎学力」さえあれば、本人がやる気になったときに、爆発して大逆転できるチャンスが残っています。逆に、この基礎学力すらおろそかになったままでは、今後、逆転は不可能かもしれません。

「基礎学力」がつくのは「学校の宿題」なので、「宿題」はさせるべきです。

結局、**「学校の授業」＋「宿題」でその単元をきちんと理解し、成績も問題ないのであれば、それ以上は机に向かわせる必要はありません。**

科目別の学力の伸ばし方のコツは45ページからご説明しますが、基礎学力がついているなら、ドリルなどに縛られるより、本や新聞を読むとか、テレビでニュース番組やクイズ番組を見るといった「勉強以外の勉強」をするのもとても大切です。それらが子どもの伸びしろをつくるからです。

もちろん、学年が上がるにつれて、勉強の内容は難しくなりますから、通常は、宿題の量は年々多くなるはずです。

お子さんの様子を見て、去年より宿題が多そうだ、大変そうだ、と感じるようなら、基礎学力がつくための十分な量の宿題が出ていると判断できますので、とりあえずは安心してよいでしょう。

とにかく、
勉強したがらない
の
まとめ

子どもがやりたくないのなら、無理にさせなくてもよい。無理強いして勉強嫌いにさせないこと。

基礎学力をつけるために宿題だけはやらせる。学校の授業＋宿題で成績が悪くなければ問題ない。

ピンチ2

宿題を先延ばしにする！ いやがる！

「計画力」をつけるしかない

宿題をいやがるのは、学校の授業を十分理解できていないサインかもしれません。そのため、宿題を難しく感じてやりたがらないのです。

ここを見逃してしまうと基礎学力が十分でないまま学年が進んでしまい、受験などで苦労してしまいます。先述のとおり、とにかく学校の宿題だけは最低限やらせます。

たとえば遊びに行く前にやる、夕食前にやる、というように子どもに宿題のクセをつけさせます。あるいは、気分が乗らないなら場所を変えるとか、次の日でもよいなら次の日にするとか、気分を変える工夫もします。

ただ、来週提出する宿題とか、夏休みの宿題などのように自分の意思で先延ばしができるものだと、先延ばしにした挙句に忘れたり、ためたりしてしまうお子さんは少なくないでしょう。

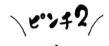

やるべきことができないのは、計画性がないから。つまり**そういう子に必要なのは、「計画を立ててそれを実行する」トレーニング**です。

最初は小さい計画をたくさん立てることからはじめてください。

まずは、1〜2日程度の短いスパンを設定して、その間に何をやらなくてはいけないかをノートなどに書き出させます。スケジュール帳やカレンダーを使うのもよいですね。

たとえば「1週間後までにドリルの5ページから12ページまでを解く」という宿題が出たのなら、その内容を書き出して、期限までにそれを終わらせるには、何日で何ページ進めていけばよいかを考えます。

毎日1ページずつでもいいし、1日おきに2ページずつでもかまいません。中には1日で全部やってしまおうと考える子もいるでしょうが、基本的には本人の意思にまかせて大丈夫です。

ただし、大事なのは、**「数字化」**です。何ページやる、どこからどこまでやる、と具体的な数字に落とし込めているかはきちんと確認してください。「できるだけがんばる！」のような抽象的なものは計画とは言えません。

計画どおりに実行できて、期限が守れたら、その努力をしっかりほめてください。

そうやって「きちんと計画を立てれば実行できる」という自信をつけさせることが大事です。

「計画力」がつくと、効率的に勉強できる

逆にうまくいかなかった場合は、なぜうまくいかなかったのかを親が必ずいっしょに考えます。

「毎日1ページずつやろうと思っていたけど、月曜日と水曜日はサッカーの練習があって宿題をやる時間がなかった」「提出日の前の日に一気にやろうとしたけど、量が多すぎてできなかった」など、原因は必ずあるはずです。

原因がわかれば、「月曜日と水曜日は計画に入れないで、火曜日と木曜日に2ページやるようにする」とか「1日で7ページは無理だから2日に分ける」のように、そ

れを次の週の計画に生かせます。

また、うまくいった場合にも、「1日に1ページではなく2〜3ページくらい進められそうだ」と気づいた子は、もっとペースアップした計画が立てられるかもしれません。

そのような**トライ&エラーを経て、計画力は徐々に上がっていきます。**提出物や宿題だけでなく、来週のテストまでに漢字を20個覚えるために何をどれだけやればいいかの計画も立てられるようになります。そして慣れてきたら、1〜2か月という少し長いスパンでの計画や、逆に次の日曜日に何をすべきかなど、細かい単位での計画も立てられるようになるでしょう。

実は、計画を立てる経験を重ねると、自分の能力やキャパシティを客観的に判断できる力が磨かれていきます。

たとえば、来週のテストまでに漢字を20個覚えるために、1日3個ずつ覚える計画を子どもが立てたとします。ここで、「それでは忘れそうだから、1日6個にして2周やれ」などと最初から親から口出ししてはいけません。

実際そのとおりにちゃんとやったにもかかわらず、本番のテストのときには書けない漢字があった経験を経てこそ、2周くり返す必要性を実感します。その結果が「1日6個×2周」という新しい計画なのです。

場合によっては、親の予想に反し、「1日3個×1周」で十分結果が出せた、だから次もこの計画でOKだということもあり得ます。

東大に合格するような難関校の生徒たちは、単に頭がいいのではなく、自分の能力を効率よく発揮する術を心得ていると感心します。

つまり彼らは、**自分が100個の英単語を覚えるためにはどれだけ時間をかければ必要かつ十分なのか、この問題集の内容をすべてマスターするために自分は何回くり返せばいいのかを経験的に知っている**のです。

逆に勉強に苦労する子は、自分の力を過小評価したり過大評価しがちな傾向があります。3回やれば覚えられるのにいつも2回でやめてしまって結果が出せなかったり、2回で十分なのに5回も6回もくり返すムダな努力のせいで、本来やるべきことに手が回らなくなっている子は珍しくありません。

もちろん、状況に応じて親の助言も必要ですが、親自身がそれでうまくいっていたからといって、そのやり方を子どもに押し付けてもうまくいくとは限りません。

計画の仕方がベストかどうかは、その子の性質や能力に合っているか否かであって、決まったフォーマットはありません。だからこそ、トライ&エラーが必要なのです。


宿題を先延ばしにする！

いやがる！

の
まとめ

やるべきことを「数字化」して、1日でどのくらいの量をやり、何日間かけるかなどを計画する。

「計画力」をつけると、能力を効率よく発揮できる。

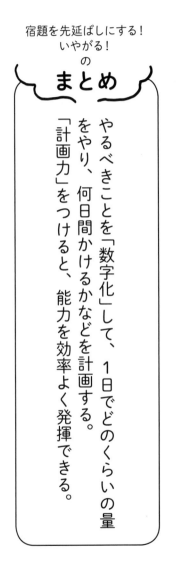

ピンチ3

宿題はしてるのに成績がイマイチ！もしくは宿題が出ない！

親の知らぬ間にできた「学力格差」は反復復習で挽回！

宿題をちゃんとやっているのに成績がイマイチなことがあります。そうであれば、「学校の勉強＋宿題」だけでは勉強が不十分というサイン。

また近年は、宿題がまったく出ない、もしくは非常に少ない学校も珍しくありません。計算ドリルや漢字ドリルの類も以前ほど重要視されなくなりつつあります。

このような状況にあって、実は親が知らない間に、子どもに「学力格差」が出てきています。勉強があまりできないのに、指導を受けていない子どもがいるのです。

宿題がなければそれに代わるドリルなどで反復復習を

基礎学力をつけるうえでは、宿題、または宿題がなくてもドリルなどの反復練習は

絶対に欠かせないと私は考えています。

こんなとき、塾に通わせて反復練習させるのも一案ですが、塾に行かない場合は、学校の授業の内容に合ったドリルなどを親が買って、やらせるのがよいでしょう。

どれくらいの量を追加すればよいのかはお子さんによって違いがありますので、適切な量が見つかるまでは、理解度を親がていねいにチェックします。

また、「授業＋宿題」で十分理解できるようになったら、それ以上の反復練習はやらなくてよいことも、子どもにきちんと伝えておきましょう。そうすることで、子どもの授業や宿題に対するモチベーションが上がります。

親世代が小学生だった時代と比較すると、授業時間が減っている科目があります。たとえば、小学3年生の国語の年間授業時間は1992年度が280時間なのに対して、2017年度は245時間です。**さらに宿題も適切に出されないとすれば、学校で身につく基礎学力のレベルはどんどん低下**してしまいます。

ほとんどの私立中学校の受験には、このレベルでは太刀打ちできないため、中学受験の予定があるお子さんは、塾などで学力の底上げを図ります。

しかし、受験の予定がない、あるいはしなかった子どもは、「宿題や基礎学力の授業時間が少ない」ことによる弊害をまともに受ける可能性があります。

小学生のうちに身につけておくべき単元があやふやなまま、地元の公立中学校に進学し、それを挽回するのに非常に苦労している子もたくさんいます。

「宿題」がその意味をなしていない場合、お子さんの学力によっては、それに変わるドリルなどをさせる必要があるのです。

宿題はしてるのに
成績がイマイチ！
もしくは宿題が出ない！
の

まとめ

宿題をしているのに成績がイマイチな場合は、宿題だけでは不十分というサイン。

宿題だけでは不十分、もしくは宿題が出ない場合は、ドリルなどで反復復習をして基礎学力を底上げする。

ピンチ4

ゲームやネットにかなり夢中になっている

週に1度は2時間やらせてOK!

子どもがゲームや動画、スマホ等に夢中で、宿題や睡眠時間にまで悪影響が出そう――そんなときは、ゲームや動画は1日30分だけ、1時間だけ、というふうに制限するのが現実的です。

子どもにとって大切なこと――たとえば、「読書」「親子の会話」「買い物」「映画鑑賞」「運動」「友達と遊ぶ」「外遊び」などの時間がなくなるほど、ゲームや動画「のみ」に夢中になっているのであれば、好奇心いっぱいのはずの子どもが、ほかの楽しみがない状態を見直してもいいでしょう。

一方、私は、どんなものであっても、**「集中力を持続させる」ことは大事なスキル**だと考えています。

どんなによくできたゲームでも、集中力がなければ、何時間もできません。ゲーム

ムム…
わ〜やられた〜
アハハ

や動画に1時間も2時間も夢中になるお子さんは、裏を返せばそれだけ集中力を持続するスキルがあるとも言えます。

幼児向けのテレビ番組が15〜30分なのは、その年齢の子どもの集中力の限界がその辺りにあるからにほかなりません。

ゲームでも何でも、「何かに集中できる」のはよいこと

最近のお子さんは、塾や習い事でスケジュールがいっぱいなので、飽きるまで何かをやる時間が確保できていないケースがほとんどです。

実は長時間何かに集中する経験が十分でないお子さんは、勉強もすぐに飽きてしまう傾向が見られます。好きなことにさえ持続的に集中した経験がないのに、それより明らかにハードルが高い勉強にだけ集中させようとしても、うまくいかないのは当たり前です。

やはり、**「何かに持続的に集中する」経験が大事**なのです。

「同じ集中するなら、スポーツとか読書にしてほしい」のが親御さんの本音かもしれ

ません。もちろん、子どもがスポーツや読書が好きならよいですが、もっとも集中できるのは「好きなもの」です。

その点、ゲームや動画は多くの子どもがほぼ共通して大好きなので、これを利用しない手はないと思います。そこで培った集中力を勉強にも生かすのです。

ですので、**「集中力を鍛える」目的をもって、週に1回くらいはゲームやスマホ、漫画でもなんでも好きなことを2時間やらせる**のは、子どもの成長において吉と出ると私は考えています。

ちなみに「2時間」にしたのは、子どもが好きなことであっても、集中できるのはそのくらいが限度で、それ以上はダラダラやっている可能性があるからです。

東大生の子どもの頃のゲーム事情

VAMOSで子どもたちを指導している東大生からも、「子どもの頃はゲームが好きだった」という声はよく聞かれます。しかも彼らに共通するのは、小学2、3年生の比較的低い年齢で一度ゲームにかなりハマったものの、そこから抜けた経験があることです。
つまり、中学受験で勉強に本腰を入れる学年になる頃——小学4年生の春には、ゲームとの距離をうまくとれるようになっていた、という点も共通しています。

今の世の中、どこかで一度くらいはゲームや動画にハマる時期は必ずあると考えておくほうが妥当です。そして、ハマる期間は1、2年でしょうか。だとしたら、少し早めの段階で飽きるほどやらせて、受験などの大事な時期にスムーズに離れていくように仕向けるほうが賢いやり方なのかもしれません。

中途半端な満足感ではズルズルといつまでもやり続けますし、完全に禁じたとしても、思わぬきっかけで受験直前の大事な時期にゲームやスマホの魅力に取り憑かれて離れられなくなる危険性だってあります。

ゲームや動画に子どもが夢中になっている様子を見ると、「このままではゲーム中毒になるのではないか」「スマホで身を滅ぼすのではないか」と心配する親御さんもいらっしゃいます。

たしかに、「ゲーム依存は病気である」との定義がＷＨＯ（世界保健機関）になされました。けれども、「中毒」状態とは、学校に行くとか、食事をするとか、睡眠をとるといった、本来やるべきことさえできないレベルです。そうなったら、物理的にＷｉ－Ｆｉを切るなどの方法があります。

ただ、私の経験では、そこまで行くお子さんはめったにいません。実際、子どもがゲームやテレビ、動画などに夢中だと親御さんから相談を受けた場合は、「試しに３日間ハマらせてみてください」と言います。しかし、ほとんどの子どもは３日間ハマることはできないのです。

実際にはたったの３日間ハマるだけでも目が悪くなる可能性もありますし、子どもが睡眠不足になるだけでも、親としては避けたいでしょう。

ですから、必ずしも皆さんにすすめるわけではないのですが、おそらく親が想像してみても、「うちの子、３日間はハマれない」と感じるのではないでしょうか。

好きなことに集中できない子は勉強にも集中できない

ちなみに、**勉強に集中できる時間の限度は、好きなことに集中できる時間の半分程度**です。つまり、好きなことに集中できるのが2時間なら、勉強に集中できるのは1時間が限度なのです。

ゲームや動画への集中力が2時間もたない子が、3時間も4時間も「集中して」勉強することはまずあり得ません。

好きなことに集中できる時間を把握していれば、勉強のやり方のヒントにもなります。

ゲームとは少し違いますが、幼少期にレゴのようなブロック遊びに夢中になったお子さんはその後数学（特に図形分野）が得意になる可能性が高いと言われるため、レゴはとても親御さん受けする玩具のようです、

ただしこれは結果論。本人が好きで夢中になるからそういう結果につながるにすぎず、数学を得意にさせるために本人の意思に反してレゴを何時間もやらせようとして

も、集中できなければまったく意味がありません。

「好きで夢中になるもの」でなければ集中力も鍛えられないと心得ておいてください。

ゲームやネットにかなり夢中になっているの

まとめ

「何かに集中できる」のはよいこと。その集中力を勉強に生かすと学力が伸びる。

一定期間飽きるまでやらせてみて、受験の時期には自ら離れるようにする。

ピンチ5

精神年齢が幼く、自立心に欠けている気がする

「実年齢マイナス4歳」の対応が効く

たくさんの子どもたちと日々接している私から見ても、子どもたちの精神年齢が年々幼くなっているのは事実です。

これは時代の変化から来ています。時代には逆らえないので、無理に自立させようとするのは、むしろ逆効果です。

昔と比べたら幼く感じるだけで、実年齢マイナス4歳くらいの精神年齢が今はスタンダードだと考えれば、親は気が楽になるでしょう。

子どもたちの精神年齢の幼さには、正直私も困惑していた時期もありました。でも、**あるときから開き直って、実年齢マイナス4歳くらいの感覚で接して、言葉をわかりやすくしたり、声がけの回数も増やしたところ、子どもが無理なく成績を伸ばしはじ**

めたのです。特に男の子の場合は、ほぼすべての子にそのやり方が有効でした。

たとえば、9歳の子に、親のイメージの9歳だと思って接してしまうと伸びない。子どもにとって理解が追いつかなかったり、冷たく感じたりして、適切なサポートになっていないためです。でも、マイナス4歳の5歳だとして対応すれば、意外と伸びちゃったりします。サポートがちょうどよくなるからです。

つまり、我が子の幼さは、実は親御さんが思うほど大きなピンチではありません。


テクニック的なところでは、幼いのであればたとえば「お菓子などのご褒美で動く」とか、「親の言うことを聞きやすい」などの利点があります。

また、幼い分、反抗期が来るのが遅いので、反抗期が来る前に受験勉強をどんどん進めるのもひとつの手です。

逆に、身の丈を超えた自立を子どもに強制するのは、本来もっている力を発揮させないまま、かえってつぶしてしまう可能性のほうが高いです。暴力も愛情だと言っているのと同じくらい時代錯誤のやり方です。

たとえば、本人が乗り気でないのに、いきなり1人で旅をさせるとか、親が助けをいっさい出さずにすべてをやらせるようなことより、家庭の中で、子どもが自分の持ち物はきちんと管理するとか、何か役割をもつなどの、小さなことを積み重ねていくほうが、彼らは確実に一歩ずつ大人になっていきます。

親の理想よりも4年遅れにはなりますが、**接し方を間違えなければ、ちゃんと「年齢相応」に自立していきますから、心配する必要はありません。**

「いざというとき素直にSOSを出せる力」のつけ方

何が起きても不思議ではないこの時代を子どもが生き抜くためには、**「必要なときに助けを求める力」**つまり、**「ピンチに陥ったときに素直にSOSを出す力」**も必要です。そのためには、親に上手に頼った経験も必要です。

もちろん、すべてのやるべきことを親が代わりにやってやるのは論外ですが、「必要に応じて手を差し伸べる」スタンスがいいのです。**「甘えようと思えば甘えられる環境でこそ、本当の自立心がのびのびと育まれる」**と私は思っています。

そういう意味ではやはり、家庭が子どもの自立心を育てる主な舞台になると言っていいでしょう。

精神年齢が幼く、自立心に欠けている気がするの

まとめ

実年齢マイナス4歳が今の標準。親がそれを頭に入れて接すれば子どもは成績が伸びる。

幼い分、親の言うことも聞くので、受験勉強をどんどん進めるのも手。

ピンチ6

今までどおり勉強しているのに、最近テストの点数がよくない

隠れた「つまずきポイント」を探す

学習単元は、急に難しくなるものがあるので、いつもの勉強量では足りなくなり、テストの成績が悪くなることがあります。その場合は勉強量を増やすしかありません。

しかし、勉強量を増やしても解決しない場合には、どこに「つまずきポイント」があるのかをはっきりさせましょう。

注意しなければいけないのは、**つまずきが見えはじめた場所と、本当のつまずきポイントは必ずしもイコールではない**ことです。本当のつまずきポイントは、過去の単元に隠れていることがよくあります。

学校のテストで90点とれていても、つまずきポイントがあるケース

特に算数・数学や英語などは、今と過去の単元の連動性が高い教科なので、過去の単元でつまずいているから、今できないということが多いのです。たとえば、英語で「be動詞」がわからなければ、その後に習う「過去形」もわかるわけないので、以前の単元に戻ってやるしかありません。

ほかにもたとえば、「割り算」でつまずいたように思えた子の本当のつまずきポイントが、実は「かけ算」である場合もあります。かけ算の理解が十分ではなかったもののの、なんとなくやり過ごしてしまい、そのまま割り算に進んだ途端にわからなくなった子はとても多いです。

また、小学生の頃は算数が得意だったのに、中学1年生の夏くらいになって急に数学のテストの点数が下がってしまったとしても、その子のつまずきポイントが中学生の数学の単元にあるとは限りません。算数は「得意」に見えていただけで、実は小学5年生で習った算数のある単元の理解が不十分だった、ということもありえます。

たとえば、中学生になって「方程式」は理解できた、でも、割合や速さが出てくる文章題ができないという子がいるとします。これは実は、小学校で習った割合や速さの理解があやふやだったということです。

中学受験をしない、しなかったお子さんの場合、「できる、できない」の判断を学校のテストだけに頼っていたことが大きな落とし穴になっているケースはよくあります。

少なくとも公立小学校のテストは、理解が多少あやしくても、80点くらいは比較的かんたんに取れてしまいます。それ以下の点数が続いていれば、親子ともに危機に気づきやすいのですが……。

隠れつまずきポイントの探し方

もちろん80～90点がとれたことはがんばったとほめてあげてほしいのですが、**10～20点の失点にお子さんのつまずきポイントが隠れていた**というわけです。

その場合は、本人もつまずきポイントが自覚できていないうえに、親御さんも「小学校の頃は問題なかった」と思い込んでいるので、本当のつまずきポイントが見えづらくなっています。

隠れつまずきポイントの確かめ方は、

・テストでいつもどこを間違えているか、どんな間違え方をしているのかチェックしてみる
・1学年下げた問題集やテストを解く
・学校の先生に相談する
・塾の先生に答案をもっていって相談する

などがあります。

算数・数学の場合なら、学年をさかのぼった問題を解かせてみて、ミスが多い単元を探し出す方法はありますが、親子とも「できないはずはない」という感情がどうしても入ってしまいがちなので、第三者に判断してもらうのもひとつというわけです。

たとえば、ほとんどの塾ではその子のレベルを確認するために入塾テストを実施しているので、実際に入塾するかは別としても、それを利用する手もあります。

苦手な科目も、ひとつ得意分野ができればしめたもの

子どもは「自分はわからないんだ」ということを認めるのが苦手です。けれども、つまずきに気づければとてもラッキーです。**つまずきポイントを冷静に受け入れ、本人がいやがったとしても、その地点まで戻って手直しする勇気をもてば、必ず成績は上がります。**手直しをはじめて、2か月くらいで一気に成績が上がる例もあります。

もしも、お子さんが自分より下の学年からやり直すことでプライドが傷ついたり、自信を失ったりするタイプであれば、「学年」にフォーカスせず、「小学生の算数」「中学生の数学」などざっくりしたカテゴリーでまとめられているドリル等を選ぶのがよいでしょう。

また、理科や社会のように、いくつかの独立した分野に分かれている教科は、苦手

な分野があっても、**得意な分野がひとつでもできれば、その教科全体の印象が変わり、ほかの分野にも興味をもちはじめることが多々あります。**

たとえば、地理が苦手でも、歴史が得意になれば、歴史を学ぶ際に身につけた暗記のコツを地理にも生かせるようになるものです。また、生物分野が苦手な子は、理科そのものが苦手なわけではなく、暗記が苦手なだけかもしれません。

ですから、「理科が苦手」「社会が苦手」と決めつけてしまわずに、「○○の分野が苦手」と細かくとらえて対策を立てることが大切なのです。

今までどおり
勉強しているのに、最近
テストの点数がよくない
の

まとめ

つまずいた場所が本当に苦手なところとは限らない。学年をさかのぼって手直ししよう。

得意分野がひとつあればよくなることとも。苦手なことを決めつけず細かくつまずきポイントを探す。

ピンチ7

どうしても苦手な科目がある！

苦手な科目こそ伸びる！

お子さんの年齢によって状況やピンチのレベルは異なりますが、苦手対策の基本的な考え方は同じです。

苦手な科目、嫌いな科目には、かえってチャンスがあると考えてください。やり方によっては大幅に伸びるのだと、子どもに希望をもたせましょう。

全科目共通&各科目のお悩みごとに伸びる方法をお教えしますので、参考にしてください。

国語 算数 英語 理科 社会

その教科が苦手・嫌い

科目ごとの大事なジャンルを押さえると点数アップ！

苦手科目はほとんどの場合、その科目での大事なジャンルを押さえていないのです。だから、そこの暗記や問題をくり返すだけで10～20点アップする可能性が高いです。

苦手なのが**「国語」だったら「漢字と言葉の暗記」、「算数（数学）」は「1行計算問題、典型問題（どこの教科書や塾のテキスト、問題集などにも必ず出てくる典型的な問題）」、「理科」は「植物、人体名の暗記」、「社会」は「歴史の暗記」、「英語」は「英文法の決まりを覚える」**をくり返しやってみてください。

これらは、どの受験でも、教科書でも、各学年で、必ず同じように出てくる根幹であり、伸びやすいジャンルだからです。苦手な科目こそ、欲張らずにこれらをまず押さえるべきですね。

あとは**苦手な科目こそ「考えない」。**勉強の理想としては、楽しんでやることですが、苦手な科目を楽しもうとしても楽しめないから勉強が進まない。だから割り切って点数を上げるためだけに、淡々と勉強する。そして、今述べた根幹を押さえることで、ポーンと点数が上がることを楽しむ。

ＶＡＭＯＳでは単元を難易度レベルで細かく分けて、できない場合は、下のレベルに戻ってやらせるので伸びるのです。

次ページにＶＡＭＯＳでの算数のレベルの進め方の表を載せますので、参考になさってください。

📖 苦手科目の目標点数はどうする？

一方、目標設定は得意の社会は90点、苦手な国語は75点、というように、**その子の得意不得意を考慮してバランスをとれば、それをクリアできる可能性が上がります。**目標をクリアできたら自信がつきます。自信がつけば、次はもっと高い点数を目標にできます。

子どもの現在地がわかる「計算の64ステップ」

step	内容	step	内容
1	足し算(＋1～＋5)	33	分数の足し算・引き算(分母が揃っている計算)
2	足し算(＋6～＋9)	34	分数の足し算・引き算(片方に揃えて通分する計算)
3	足し算(10いくつ＋1桁)	35	分数の足し算・引き算(最小公倍数で通分する計算)
4	引き算(1桁－1桁)	36	分数の引き算(繰り下がりが必要な計算)
5	引き算(10いくつ－1桁)	37	分数のかけ算
6	足し算(繰り上がりがある2桁＋2桁)	38	分数の割り算
7	足し算(3桁＋1、2桁)	39	小数、分数の変換
8	足し算(3桁＋3桁)	40	小数と分数の混合計算 分数の計算総チェック
9	引き算(2桁－2桁)	41	整数の四則演算
10	引き算(3桁－1、2、3桁) 足し算引き算総チェック	42	小数の四則演算
11	かけ算(1の段～5の段)	43	分数の四則演算
12	かけ算(6の段～9の段)	44	かっこがある整数の四則演算
13	かけ算(2桁×1桁)	45	かっこがある小数の四則演算
14	かけ算(3桁×1桁)	46	かっこがある分数の四則演算
15	かけ算(2桁×2桁)	47	整数、小数、分数の四則演算
16	かけ算(3桁×2桁)	48	かっこがある整数、小数、分数の四則演算
17	割り算(2桁÷1桁 あまりなし)	49	計算の工夫(計算の順番)
18	割り算(2桁÷1桁 あまりあり)	50	計算の工夫(分配、結合法則の利用)
19	割り算(2桁÷2桁)	51	計算の工夫(部分分数分解) 総合計算演習
20	割り算(3桁÷2桁) かけ算割り算総チェック	52	逆算(足し算・引き算のみ、2項のみ)
21	小数とは	53	逆算(足し算・引き算のみ、3項以上)
22	小数の足し算	54	逆算(かけ算・割り算のみ、2項のみ)
23	小数の引き算	55	逆算(かけ算・割り算のみ、3項以上)
24	小数のかけ算(整数×小数)	56	逆算(四則混合)
25	小数のかけ算(小数×小数)	57	逆算(かっこを含む)
26	小数の割り算(小数×整数)	58	逆算(小数、2項のみ)
27	小数の割り算(小数÷整数 あまりなし)	59	逆算(小数、3項以上)
28	小数の割り算(小数÷整数 あまりあり)	60	逆算(小数、かっこを含む)
29	小数の割り算(小数÷小数 あまりなし)	61	逆算(分数、2項のみ)
30	小数の割り算(小数÷小数 あまりあり) 小数の計算総チェック	62	逆算(分数、3項以上)
31	仮分数、帯分数の変換	63	逆算(分数、かっこを含む)
32	約分	64	逆算(整数、小数、分数混合) 逆算総合演習

逆に好きな教科なら、少し高めに目標を設定するのもよいでしょう。「好き」「得意」というアドバンテージがある分、少し高めのハードルは、むしろよいモチベーションになります。

たとえクリアできなくても、「次こそは！」という意欲をもちやすく、ますますやる気になることも期待できます。

その科目が嫌い・苦手の

まとめ

その科目の大事なジャンルを押さえてくり返しやることで点数は一気に伸びる。

嫌いな科目は考えず、淡々とやるようにする。

国語 算数 英語 理科 社会

暗記が苦手

子どもに合ったやり方と必要な時間を見極める

本来は、暗記自体が苦手な子はあまりいません。それよりも、最近の子どもは、単純に暗記のやり方がわかっていないケースが多いのです。

まず、子どもの性質によって、暗記にかかる時間ややり方が違います。

たとえば、教科書1ページ分の情報を覚えるのに10分で済む子もいれば、30分かかる子もいます。「だから、自分は覚えるのに、何分必要なのか」の感覚を正確に養わせることです。

つまり暗記が苦手だとしたら、必要な時間をかけずに切り上げてしまっている可能性が高いです。

もうひとつ大事なのは、自分がもっとも結果を出せる暗記の方法を早い段階で見極めさせることです。

オーソドックスなのは、**「書いて覚える」**やり方ですが、**「声に出して読む」**のが一番合う子もいますし、**「耳で聞いて覚える」**のが得意な子もいます。親から見るととてもうまくいくとは思えないやり方だとしても、ちゃんと「覚える」という結果に表れているなら、それを否定する理由はありません。

ただし、結果が出なければ、そのやり方はその子にとって効果的ではないので、次は別の方法を試しましょう。

自分に合う方法さえ見つけられれば、あとは必要な時間をかけるだけです。

教育において、「思考力」重視が叫ばれるせいで、暗記一辺倒の勉強は否定されつつありますが、「知っていること」「覚えていること」が多ければ、思考の助けにもなります。

どんなに教育が変わろうとも、**勉強において「暗記」は欠かせないテクニックのひとつ**ですから、決して軽んじるものではありません。

暗記が苦手
の
まとめ

今の子どもは暗記のやり方がわからないだけ。暗記自体が苦手な子はほとんどいない。

覚えるのにどれくらいの時間が必要か、どのやり方が合っているのかを親が見極める。

算数 数学

計算が遅い

1桁の計算をくり返せば、全計算が速くなる

計算が速く、正確にできるのは大きな武器です。試験ではたくさんの計算をする必要があるので、一つひとつの計算を瞬時にできるのか、3秒かかるのかでは大きな差が出ます。

2020年からの教育改革以降は、より「思考力」が重視されると考えられますが、だからこそ、**基礎的な計算が速くできるかはとても重要**です。時間的な余裕をもって「思考」に集中するためには、「計算」に手間取っている暇はありません。

また、そもそも「思考力」とはかなり不安定なもので、これをやれば確実に伸びるという絶対的な方法をまだ誰も見つけられていません。

けれども**スピードを含めた計算力とは、鍛えれば鍛えた分だけ身につきます。**努力

やかけた時間が実力に比例します。
「計算が遅い」というピンチは、誰でも解消可能なのです。

VAMOSでは「百ます計算」も活用

やり方はとてもシンプルで、**とにかく「計算する」**——これに勝る方法はありません。

基本的には、「書いて解く」やり方が効果的なので、シンプルな計算ドリルをたくさんやらせるのがいいのですが、スマホやタブレットの計算ゲームアプリなどを利用しても、遊び感覚でできます。ちなみに、VAMOSでは、百ます計算などをかなり活用しています。

難しい計算をする必要はなく、むしろ、親の想像以上に大事なのは1桁の計算です。計算が遅いのは、たいてい1桁の計算に原因があります。2桁の計算も3桁の計算も分数の計算も、結局は1桁の計算のくり返しなのですから、1桁の足し算、引き算、かけ算、割り算のスピードが上がれば、それ以上の桁の計算も速くなります。

逆にたとえば、小数の計算が苦手だと思っていたら、1桁の計算が遅いのが原因だったということはありえます。

計算のトレーニングをくり返す中では、逆方向の発想も身につきます。

たとえば8が、1＋7であり、2＋6であり、3＋5であり、4＋4であり、そして、1×8、2×4でもあるというイメージが瞬時に浮かぶようになると、難しい計算をする際のスピードも一気に上がります。5000の素因数分解が10秒でできるような子は、こういう逆方向のパターンの組み合わせを瞬時に引き出しているのです。

やった分だけ身につく計算のトレーニングは小さい頃からはじめるほど、得をします。また、計算は作業なので、幼くてもやり方さえ覚えれば、トレーニングできます。

そういう意味では、たとえば、小学校低学年のお子さんに、やり方を教えて少数や分数のドリルをやらせてみるのも大いに意味があると私は考えます。概念を知るほうが先と思うかもしれませんが、そんなことはありません。たとえて言うなら、なぜ動くのかを知らなくても、自転車に乗れるようになるのと同じです。

計算力もそれと同じで、「概念は知らないけれども、作業としてできる」のは立派

な**スキル**なのです。

計算が遅いのまとめ

計算が遅いのは誰でも解消できる。

手で書いて解くのが一番だが、アプリを利用してもいいので、とにかくたくさん計算問題を解く。

算数 数学 文章題が苦手 → 情報を図で整理する

算数に限らず、最近の中学・高校・大学入試では、「問題文の文章量が多い」という傾向があります。それもあって、「算数（数学）の文章題が嫌い」「苦手」な子はますます増えているのですが、それは精神的な原因もあります。文章が苦手な子は、文章を見ただけで、「わっ、解けない」とあきらめてしまうからです。

しかし、実は**「問題文の長さ」と「問題の難しさ」は比例しません。**

むしろ、文章さえ理解できれば、問題自体はかんたんなケースが非常に多いのです。ですから、算数自体は決して嫌いでも苦手でもないのに、文章題だけを「苦手」「難しい」と思い込んでいるのはとてももったいないです。

文章題で問われていることを理解するために必要なのは、**「文章の情報を整理する力」**

です。

そのために大事なのは情報を、図や表、あるいは線分図、式などで整理して、目に見えるように書く作業です。

情報がきちんと整理できれば、問われていることは意外に単純だとわかります。そうすれば落ち着いて問題を解けるはずです。

苦手な子ほど、それを頭の中だけでやろうとする傾向があります。だからますます混乱してしまうのです。

「でも、その図を紙に描くこと自体が難しいのでは？」と思われる場合は、親がかんたんでもよいので、見本を描いて見せてあげましょう。

また、この場合の図は採点されるわけではないので、正確に描く必要はありません。極端に言うと、ぐちゃぐちゃでもよいのです。たとえ汚い図でも、そこから計算の途中経過が見えるので、先生方や親も指導ができます。

短い文章から触れさせる。映画の字幕でもよい

それでも、図が起こせないとすれば、それはやはり「読解力」の問題ですから、文章を読むトレーニングをする必要があります。

ただし、文章を読むのが苦手な子は、いきなり長い文章を見るとますますアレルギー反応を示します。最初は、むしろ短いものをたくさん読むやり方のほうが効果的です。

文章を読む力も計算力と同じで、読めば読むほど身につきます。今の子どもたちは、ユーチューブなどの動画を見慣れていて、活字に触れる機会が少ないケースがほとんどです。読書量が少なければ、マンガでもよいですし、映画を吹き替えでなく字幕で観るのでもよいので、とにかく文章に触れる機会をあえてつくることは最低限必要でしょう。

なお、中学入試は長い文章題への対応は必須なので、中学受験をする子の多くは塾などで日々トレーニングを重ねているはずです。

ですから中学受験の予定がない、あるいは経験していないお子さんはその事実を理解したうえで、高校受験、大学受験の対策を講じることが大切です。

文章題が苦手
の
まとめ

問題文の長さと難易度は比例しない。とにかく図に起こすと解きやすくなる。

図に起こせない子は読解力に難あり。まずは映画の字幕等、短い文章から触れさせる。

算数 数学

割合・速さ・比が苦手

→とにかくルールを頭にたたき込む

この3つの分野が苦手な理由には共通点があるため、3つとも苦手なお子さんも珍しくありません。しかし、この分野は誰でもできるようになります。

3つに共通しているのは、意外と「覚えることが多い」です。**「考える」科目だと思われている算数（数学）に「暗記」の要素が入るため、そこにとまどってしまう**のです。

具体的には、**速さの公式**と**割合**と**百分率**をしっかり覚えます。

「50％と5割がイコール（百分率、割合）」であり、それを求めるには「元の数に0・5をかければいい」「距離を時間で割れば速度が求められる」「外項と内項の積が等しい（比）」などの決まりを覚えていなければ、この3つの分野の問題は解けません。

たとえば、スーパーマーケットで肉の値段が20％オフといったときに、０・８かければよいとわかるかどうか。

そうお伝えしてもあまりピンとこない親御さんは多いかもしれません。なぜなら30代後半以上の方なら、子どもの頃にこれらはいやでも叩き込まれてきたルールだからです。今の子どもたちがそれを覚えていないなんて、おそらく想像できないのではないでしょうか？

でも実際は、ゆとり教育以降「知識の詰め込みはよくない」との考えから、「理屈抜きに覚えろ」という指導は、少なくとも公教育ではほぼされていません。「きちんと考えて解く」が重視されるあまり、その場しのぎの「暗記」に頼ることが建前上否定されているのです。多くの子どもたちが「割合・速さ・比」に必要以上に苦手意識をもつのはそのせいではないかと私は考えています。

割合、速さ、比の問題は、ルールに沿って理屈抜きに機械的に解くほうが圧倒的に効率がよいのです。ですからＶＡＭＯＳでは、この分野が苦手なお子さんに対し、**「ルールをしっかり覚えれば、考えなくても解ける」**とアドバイスしています。真面目な子ほど「機械的に解く」ことに抵抗があるので、このジャンルはあまり深く考えないタイプの子のほうが得意だったりするのです。
もしもお子さんがこの分野が苦手なら、覚えるべきルールを整理して、理屈抜きにそれを覚えさせることからはじめてみてください。

割合・速さ・比が苦手
の
まとめ

この分野は「考える」のではなく「覚える」分野だとまず頭に入れて。

ルールをしっかり覚えて、理屈抜きに解く。

算数 数学 センスがない
↓
センスが必要な問題なんてほぼない

お子さんが算数（数学）が苦手である場合、その理由を「算数（数学）のセンスがない」と考える親御さんがとても多いのですが、中学や高校受験レベルで、センスが必要とされるような問題を出題するのはごく一部の学校です。

結局、一見難しそうに見える入試問題でも、そのほとんどはごく一般的な参考書や問題集に出ている問題の類題にすぎません。

センスを言い訳にしないほうが、算数（数学）の成績はかんたんに伸びます。また、「精神的成長」とも関係ない科目なので、どんなタイプの子でも、努力次第で得意科目にできます。

算数や数学が得意か否かは、センスがあるか否かではなく、「基礎的な計算力がある」

かどうかと、「どれだけ問題のパターンを知っているか」にかかっているのです。問題をたくさん解いているのに、不得意なままだとしたら、実は同じような問題ばかりを解いているせいで、パターンのバリエーションが広がっていないだけなのです。

ひとくちに問題集と言っても、それぞれに特徴はあります。

弱点がはっきりしている場合には、そこを鍛えられそうな問題集をピンポイントで選びます。

そうでない場合は、パターンのバリエーションを広げるために、1冊に集中するより、複数の問題集を使って、「どういうパターンの問題が苦手なのか」という弱点を見つけ出しましょう。

そもそも、**算数や数学は、努力が実を結びやすい科目**です。

算数が苦手なお子さんは、苦手と思い込んでそこに時間を費やしていないだけ。がんばった分だけ成果は必ず出ます。センスがないなどと嘆く必要はないので、1問でも多く問題を解くよう、ぜひ上手に促してあげてください。

センスがない
の
まとめ

算数や数学に、センスも精神的成長も関係ない。

とにかくたくさん問題を解くことが一番大事。苦手なパターンの問題も押さえる。

国語
漢字が覚えられない
こじつけでもいいから、つくりと意味をリンクさせる

その漢字を完璧に覚えるには自分が何回書く必要があるのかを本人に自覚させて、5回必要なら5回以上、20回必要なら20回以上書く。

ただ、3回書けば十分覚えられる子に20回も30回も書かせるのは時間のムダです。3回で覚えられるのなら同じ漢字を20回書くより、違う漢字を書かせて、書ける漢字の数を増やすほうが明らかに効率的です。

回数を重ねても覚えられない場合、たとえば、「投」という字は投げるのに手を使うから「てへん」だとか、「深」という字は水と関係があるから「さんずい」だ、というようにその**意味やつくりから覚えていくと記憶に定着させやすくなります。**

これは、自己流でもＯＫです。

たとえば、漫画の「漫」はなぜ「さんずい」かというと、読んで笑ってツバ（液体）を飛ばしちゃうから「さんずい」だとか、こじつけでもよいのです。

ただ、どんなに覚えようとしても、漢字がいわゆる「鏡文字」になってしまう場合は、何か別の原因が隠れている可能性もあります。親御さんから見て気になるようなら、早めに学校の先生や専門医に相談してみましょう。

漢字が覚えられないの

まとめ

子どもの適性に合わせた回数で、何度も書いて覚えるようにする。

こじつけでもよいので、つくりや意味で覚える。

国語

物語文の読み取りが苦手

➡親もいっしょに本を読んで感想を言い合う

物語文では、セリフや状況などから、登場人物の心情などを読み取る力が問われます。それが苦手だとしたら、精神年齢がその問題にまだ追いついていない可能性が考えられます。**子どもの価値観の広がりが追いつかないうちは、たくさん物語を読んだとしても、ピンとこない**可能性が高いのです。

たとえば戦時中の子どもの心情を読み取るのは、今の子どもたちにとってかんたんではありません。自分の時代とはかけ離れているし、よく知らないからです。

しかし、精神的成長とともにさまざまな価値観を受け入れられれば、いろいろな物語を味わうようになりますから、基本的には慌てずにその成長を待ちます。

成長を促したい場合には、**親御さんもいっしょにいろんな本を読み、感想を伝え合**

うようにします。その物語の背景やおもしろさのツボなどを教えたりすると、本好きになるかもしれません。

長い小説を読むのが難しいときは、短時間で読める物語からはじめてみてください。

小学校4年生くらいまでのお子さんなら、もう一度絵本を読んで、物語のおもしろさを味わうのもよい方法です。もしも、子どもが「これ読んで」とこちらに来たらラッキーサイン。親は「もう、読んだでしょ」「自分で読めるよね」なんて拒否せずに、つきあってあげましょう。

まずは、**子どもの活字アレルギーをなくすのが目的なので、とにかく楽しく読める物語であることが重要**です。子どもが好きなアニメや映画の原作を読ませるのもいいですね。

月に一度は本屋さんや図書館に連れて行って、好きな本を選ばせるのもおすすめです。このときに、ブックカバーはつけないでください。**子どもはカバーデザインの楽しさで読みたい気持ちになる**からです。

これ読んで

物語文の読み取りが苦手
の
まとめ

読み取れないのは価値観の違いかも。精神的成長をゆっくり待つ。

活字アレルギーをなくすために、親が選ばず、子どもが好きなかんたんな本を読ませてあげる。

国語

説明文の読み取りが苦手

語彙力が不足している

説明文に書かれた作者の意図はひとつです。そこに書かれていることがすべてであって、解釈を広げる必要はありません。読み手によって解釈が異なるものはそもそも説明文とは言えません。

つまり、説明文の場合、答えはすべてその文章の中にあるのです。

それにもかかわらず、うまく読み取れないとしたら、その理由は**子どもの「語彙《ごい》力《りょく》不足」**かもしれません。

受験生の説明文の読み方を見ていると、文章が読めないのではなく、言葉の意味がわからないケースがほとんどです。語彙力がある子の定義とは、大人と話していて、テレビやニュースに関する会話がスムーズにできることだと私は考えています。

私が書いているこの文章も一種の説明文ですが、たとえば、「意図」「解釈」「語彙」「定義」などの言葉の意味がわからない子は、この数行の内容を正確に理解はできないでしょう。

つまり、**説明文攻略のポイントはたくさんの言葉の意味を覚えること**です。もちろん、ドリルや問題集で勉強するのも大事ですが、新聞やテレビなどで少し難しい言葉があったら、親が「〇〇ってどういう意味か知ってる？」などと子どもに声をかける習慣をもちましょう。もっとかんたんな、道すがらの「夕立って何？」くらいの日常会話でも、子どもがわからなそうな言葉を親が教えれば、語彙力が上がります。

絶好のチャンスはお子さんのほうから「〇〇ってどういう意味？」と聞いてきたときです。**自分から疑問を抱いた言葉ほど記憶に定着しやすいので、このタイミングは絶対に逃してはいけません。**適当に答えるのではなく、きちんと正しい意味を答えてあげるようにしてください。うまく説明できないなら、子どもといっしょに辞書を引いたり、スマホで検索するなどして、必ずその場で答えにたどりつくような手助けが大事です。

また、物語の読み取りが得意な子は、逆に説明文の読み取りが苦手な傾向もあります。本を読むのが好きで、空想好きな女の子に多いケースなのですが、解釈を広げすぎて、ひとりよがりの読み取り方になってしまうのです。

そういう場合は、物語と説明文はまったく違うものと理解させて、**「答えを文章の中から探す」**のを徹底させましょう。

説明文の読み取りが苦手
の
まとめ

説明文の意味がわからないのは、文章が読めないのではなくて言葉の意味がわからないだけ。

語彙を増やすために、子どもが何かを聞いてきたら親もいっしょに考えてその場で答えを出す。

国語

作文が苦手

自分の内面を出すのが苦手なのかも？ タイプ別対処法

作文が苦手なお子さんは大きく3つのタイプに分けられます。

1つ目は、**「正しい文章が書けない」タイプ**。中学生になっても高校生になっても、「食べれる」といった「ら」抜き言葉などを多用して、話し言葉をそのまま並べたような稚拙な文章しか書けない子はたくさんいます。

こういう子の場合は、もちろん書くトレーニングが必要ですが、ただ好きに書かせているだけでは、文章の質は上がりません。まずは、「正しい文章とはどういうものか」としっかり理解させる必要があるので、**「正しい文章を書き写す」**ことからはじめるのがよいでしょう。

たとえば、昔からの定番でもある「天声人語《てんせいじんご》」（朝日新聞のコラム）を書き写すようなやり方は、スマホ全盛の今だからこそ、改めて見直すべき、非常に効果的な方法だと思います。もちろん、その他の新聞の記事や、好きな本や教科書の文章など、正しい文章であればなんでもOKです。

2つ目に、実は意外に多いのが、**「書いた文を否定されるのが怖い」タイプ**の子です。皮肉にも、小さい頃から作文のトレーニングをたくさん重ねている子ほどその傾向は強くて、「書く」ことに対して恐怖心を抱いています。小さい頃一生懸命書いた作文に×をつけられた苦い経験が、大人が想像する以上に深い傷になっているのです。

こういう子は**「作文を書いた」ことに対して、親が大きな○をつけるのをくり返し、「文章を書く」に対するネガティブな思いを払拭《ふっしょく》**するのが第1ステップです。

第2ステップは、書くことへの抵抗感がなくなってきたら、「こういう言い回しがいいよ」「こういう熟語がいいよ」と**親が正しい文章を覚えさせる**ことです。もともとはトレーニングしているので、自信さえ取り戻せば、作文は飛躍的にうまくなっていきます。

最後に、**「自分の意見が出せない」タイプ**。最近は、自分の内面を外に出すのが苦手な子が増えています。だから、作文が書けないのです。これを解決するには、**書く前にしゃべらせて親が共感を示し、本人の意見を否定しないこと**です。

ふだんから、親子でLINEやメール等でやりとりをして、子どもが内面を表すことに慣れるのもいいですね。

ただ、これだけだと予測変換で漢字が出てきたり、スタンプや絵文字で済んだりするので、文章のトレーニングにはあまりなりません。内面を出せるようになったら、前ページの「正しい文章の書き写し法」などで、正しい文章を教えましょう。

作文が苦手の
まとめ

言葉が稚拙な子は正しい日本語の書き写しが効果的。

親は文章を否定せずほめる。内面を出すのが苦手な子はまず意思を出せるようにする。

英語

長文読解、リスニングが苦手

秒速でわかる単語や熟語をたくさん増やす

どんな長文も結局はセンテンス（文）の組み合わせです。そしてセンテンスは単語や熟語の組み合わせなので、実は単語や熟語の時点で意味が理解できていないケースがほとんどです。

書かれている単語や熟語が全部理解できれば、どんな長文でも9割は理解できるはずなのです。

つまり、**長文読解攻略のポイントは、単語や熟語をひとつでも多く覚えること**です。

ただし、覚え方が不十分だと、ひとつの単語の意味を思い出すのに、2秒も3秒もかかります。

すると、文章を最後まで読み切るのに、相当な時間がかかってしまいます。

つまり、**「長文をすらすら読む」ためには、「1秒で意味がわかる」くらい完璧に単語や熟語を覚えていることが大事**なのです。

同じことはリスニングにも言えます。耳で覚えるのは当然ですが、リスニングの場合は、自分の都合で流れを止められないので、さらに瞬時の理解が必要になります。いちいち「えーっと、なんだっけ？」と考えているようでは、とても太刀打ちできません。

帰国子女でもなく、海外留学の経験もないのにTOEFLやTOEICで高得点が取れる人は、ほぼ例外なく、5000語や1万語などの圧倒的な数の単語や熟語を、1秒でその意味が浮かぶほど完璧に頭に叩き込んでいる人なのです。

また、中には、日本語に訳された文章を読んだとしても問題が解けない子もいます。こういう子の場合、苦手なのは英語ではなく、国語ですから、国語の読解力をあげる訓練を合わせて行う必要があります（69ページ参照）。

長文読解・リスニングが苦手の

まとめ

単語がわかれば、どんな長文でも理解できる！
単語・熟語をとにかく覚える。

日本語の全訳を見てもわからない子は読解力を上げる。

英語

単語・熟語を覚えない

ひとつの単語に対して、4方向からアプローチする

英単語や熟語の暗記は、計算と同じく、センスや精神年齢と関係のない、誰でもトレーニング次第で必ず得意になれる分野と言えます。

英単語や熟語を覚えるには、**ひとつの単語に対して、「読んで覚える」「書いて覚える」「聞いて覚える」「言って覚える」という、4方向のアプローチが有効**です。

VAMOS流では、「自分の学年よりワンランク下の単語や熟語を覚えて1秒でわかる訓練」をすると、英語は伸びるとしています。1秒でわかるとは、つまり、「100%使いこなせる単語と熟語を増やす」ということです。音で聴いても目で見ても、1秒で意味がわかる、1秒でスペルがかける、という単語をできるだけ増やすと、必然的に英語ができるようになります。

単語・熟語を覚えない
の
まとめ

「読む」「書く」「聞く」「言う」の4方向アプローチで記憶する。

学年をひとつ下げたレベルの単語・熟語をはっきりと覚えることで英語は伸びる。

理科　社会

表やグラフの読み取りが苦手

↳身のまわりの表やグラフを見つけて

そもそも表やグラフは、理解を助けるために情報を整理したものです。つまり、本当は文章を読み取るよりずっとかんたんなはずです。

なのに、苦手意識を抱く理由は、それを見慣れていないからです。でも、ちゃんと意識を向けていれば、**新聞やテレビの情報番組、雑誌、そして街の中でも、表やグラフを目にする機会はたくさんあります。**それをただぼんやりと眺めるのではなく、親もいっしょになって、その内容を「読む」ことをもっと日常の中で意識すれば、表やグラフを読み取る力はすぐに身につきます。

たとえば、家事の分担を表にしたり、家で勉強した時間をグラフ化したりすれば、家庭の中でも表やグラフをつくったり見たりする機会が増えるでしょう。

表やグラフは、慣れるが勝ちです。

表やグラフの読み取り
が苦手
の
まとめ

表やグラフは見慣れることが第一歩。家庭でも家事の分担や勉強時間を表やグラフにして。

＼ピンチ8／

テストでケアレスミスばかりする

緊張感をコントロールする

ケアレスミスとは学力とは別の問題であり、「緊張感のコントロールができていないサイン」です。さらに原因を細かく分けると3つあります。

ひとつは**「過度に緊張してしまうこと」**。緊張しすぎて、ケアレスミスをしてしまうケースです。

お子さんがこれに当たるなら、少し時間はかかるかもしれませんが、**とにかく場数を踏ませて、「緊張に慣れる」**しか方法はありません。場数を踏むとは、同じような緊張感を味わう、つまり、別の塾や会場など、慣れない環境でたくさんのテストを受けることです。

小学生の場合、中学校の入学試験の時間は短い科目だと約30分。短い時間で緊張から回復しないまま、試験が終わってしまうことがあるので、緊張が結果も左右するのです。

場数を踏んだからと言って本番で緊張しないとは限りませんが、少なくとも、緊張しすぎて、信じられないミスをするリスクは下げられます。

もうひとつは逆に**「緊張感に欠けていること」**。気のゆるみがケアレスミスにつながるケースです。

失敗を恐れていないと言えば聞こえはいいですが、**要は追い込まれる気持ちがない**のです。「100点が取れなくても別にいいや」と開き直っているともいえます。こういうタイプの子は「次は失敗しないように」と注意される程度ではあまり効果はなく、また似たようなミスをくり返します。

中にはミスすることに慣れてしまい、「うっかりミス」も含めて自分の実力だと思い込んでしまう子もいるのですが、これほどバカバカしいピンチはありません。ぜひとも早急に対処してください。

一般的には子どものミスをむやみに責めてはいけないとはいえ、このタイプのお子さんの場合は、「ミスで失点すること」自体は大した心の痛手にならないので、ミスを冷静に叱りましょう。**ひとつでも明らかなケアレスミスをした場合は、1週間スマホやゲームを禁止するなど、子どもにとって一大事となるような「ペナルティ」を与える**のです。

普段から集中力が足りないだけなので、テストだけでなく、家で問題集をするときも、2問以上ケアレスミスをしたらその日はゲームを禁止するとか、おやつはなしにするなど、集中せざるを得ない状況をつくれば、比較的かんたんに改善できます。

教科書への落書きを見つけたら

3番目に、テストは制限時間が決められているので、**「時間の経過に焦ってミスをしてしまうこと」**もあります。特に受験生の場合は、このような事態をできるだけ避けるため、**家で問題集を解くときも、必ず時間制限を設けて、時間の感覚を磨かせる**のです。

これをくり返しておくと、自分はこのタイプの問題をだいたい何分くらいで解けるのかの見通しが立てられるようになります。その感覚があれば、残り5分で、AとBの問題を残している場合にどちらを優先して解くべきかの判断ができるでしょう。こういうテクニカルな要素は、受験の成否を想像以上に左右します。

もちろん制限時間を守れたとしても、ミスを連発していたら集中力に欠けている証拠。時間制限とともに、先ほどお話しした「ペナルティ」をうまく利用してください。

なお、**授業中にノートや教科書に落書きをするのは、授業に集中していない何よりの証拠**です。まったく落書きをしたことがない子は珍しいでしょうから、1度や2度それを見つけたくらいで、目くじらを立てる必要はありませんが、それが長く続くのはとても危険なサインです。

授業に集中していなければ、お子さんの成績が下がるのも時間の問題なので、監視の目をもってもらえるよう、担任の先生などに早めに相談することをおすすめします。

テストで
ケアレスミスばかりする
の
まとめ

緊張感に慣れるよう、普段とは違う環境でのテストの場数を踏む。

集中力に欠けてミスを連発する場合はペナルティを与えることも考える。

ピンチ9

「自分はどうせ勉強できない」と言い出した

正解率が7、8割程度になる問題集で成功体験を積ませる

まず、子どもは頭の良し悪しで受験勉強の結果が決まるケースはほとんどありません。受験の結果は、結局は**「訓練量」**です。

かといって、子どもが「どうせ自分は頭が悪い」などと言い出したとき、「そんなこと言ってないで、勉強しなさい」なんて叱責しては逆効果です。

親が子に自信をつけさせることが大事です。基本的に子どもに「できない」と思わせてできるようになるケースはありません。**子どもは「自分はできる！」と錯覚しないと、勉強しない**のです。

自信を失う原因のひとつは、レベルの高い塾の上のクラスに入ってしまい、まわりと比べてしまうこと。

でも、ここは塾をかんたんに変えないでください。「逃げグセ」がついてしまうからです。それよりも、自分ができるクラスに変わることで、自信をつけてあっという間に成績が上がることがあります。

もうひとつの原因は、早期教育を受けてなかったり、塾に行っていない場合、まわりの同級生ができている漢字や計算を、自分はできないことです。

かといって早期教育が不可欠なわけではありません。なぜなら、成功体験をさせて、自信を取り戻させる方法はいくらでもあるからです。

それは、授業の単元に合わせた問題集にたくさんチャレンジさせて、「やればできる」と気づかせることです。

あくまでも目的は、「できる!」という自信を得ることなので、小学校低学年なら、**ほぼ満点が取れるレベルの問題集等にくり返し取り組むほうがいい**でしょう。

小学校中学年~中学生なら、楽に解ける問題ばかりだとせっかくの伸びしろが生かせないし、それはそれでやる気が出ません。ですので、1人で取り組んだときに正解率が7～8割程度となるレベルの問題集やドリルを選び、自信を育てながら、同時に自分の「課題」に気づかせるのも大事です。それで、学力は伸ばしやすくなります。

そして、**「ほめる」ことも有効**です。

ただし、女の子に対してはまだできていない中で、親がお世辞を言っても通用しません。実際できるようになってからその努力をほめましょう。男の子には、お世辞が通用してやる気になることもあるので、「がんばってるね」と声をかけてください。

勉強に対する苦手意識が払拭されたあとなら、もう少し問題集のレベルを上げるのもよいですが、欲張ってレベルを急に上げすぎると、やる気や自信が削《そ》がれてしまいかねないので少しずつ上げるようにしてください。

「自分はどうせ
勉強できない」と
言い出した
の

まとめ

叱るのは逆効果。子どもは自分で「できる」と思わなければ、勉強ができるようにはならない。

塾を下のクラスにしたり、かんたんな問題集を何度も解かせ、「やればできる」という自信を取り戻させる。

ピンチ10

「ユーチューバーになるから、勉強しない」と宣言した

勉強は「何かになるためにするものではない」と教える

まず、お子さんが「勉強は何かになるためにするもの」と思っているのなら、それは違います。勉強する目的を、「自分の可能性を広げるため」とか「おもしろいことを言うためには最低限の知識がいるから」など、幅広い意味でとらえてほしいのです。

そのためには、**親が「何かになるために、勉強しなさい」とはあまり言わないほうがいい**ですね。たとえば、「よい会社に入るために」とか「医者になるために」などと言いすぎてはいけません。

「ユーチューバーになりたい」は「野球選手になりたい」と同じ

お子さんが「ユーチューバーになりたい」「eスポーツのプレイヤーになりたい」

などと言い出した場合、親はどうしたらよいかわからないでしょう。

しかし、それは、親世代がかつて抱いていた「野球選手になりたい」「歌手になりたい」という夢と同じようなイメージで捉えるほうがいいと思います。

「スポーツ選手になりたい」という夢は健全で、「ユーチューバーやeスポーツのプレイヤーになりたい」という夢はバカバカしいというのは、子どもの価値観からすると納得できません。

ユーチューバーやeスポーツのプレイヤーとして、億単位で稼ぐ人たちは大きな話題となりますが、当然ながらそのような人はほんのひと握りです。そういう意味でもスポーツ選手と状況は似ています。その域に達するためには、ある程度の生まれもった才能と、それこそ血のにじむような努力が必要なのです。そのような努力が必須だと、小学校高学年以上の子どもであれば知っていてもいいでしょう。

結局、プロスポーツ選手にしろ、ユーチューバーにしろ、eスポーツプレイヤーにしろ、十分な稼ぎを得られるレベルにまで到達できる確率は低いのです。つまり、食べていけない確率のほうが明らかに高いわけですから、そのことだけに集中するリスクは計り知れないという事実も、小学校高学年くらいになったら、しっかり子どもに理解させるべきです。

もちろん、「スポーツ選手」や「ユーチューバー」「eスポーツプレイヤー」いう夢を描くこと自体を否定する必要はありません。低いとは言っても、それを実現させる可能性もあります。

高学歴ユーチューバーやスポーツ選手の存在

激動する時代を生き抜くために欠かせないのは、できるだけ多くの将来の選択肢です。

さまざまな「勉強」をしていれば、選択肢は確実に増えます。だから今、何をめざしているとしても、子どもたちに基礎学力は身につけてほしいのです。

スポーツ選手も、ユーチューバーも、eスポーツプレイヤーも、学歴が不要な職業だからと言って、これからの時代は、「賢さ」は必須です。そのための基礎学力が重要であることも子どもに伝えましょう。

ユーチューバーやスポーツ選手にあこがれる子が、勉強にやる気が出るちょっとしたワザとしては、高学歴のユーチューバー（ネット検索すると複数出てきます）、英語をしゃべれるサッカーの吉田麻也《よしだまや》選手や野球の菊池雄星《きくちゆうせい》選手、大学受験の一般入試とサッカーを両立させた岩政大樹《いわまさだいき》選手の存在を子どもに教えるとよいでしょう。また、eスポーツでは東大出身の選手がめざましい活躍をしています。

学歴自体の価値が下がっている今、「いい大学、いい会社に行くために勉強しなさい」というだけでは、もう子どもには通じません。

「ユーチューバーになるから、勉強しない」と宣言したの

まとめ

ユーチューバーはスポーツ選手と似た、子どものあこがれの職業。親の価値観で否定しない。

勉強は「何かになるため」ではなく「将来の選択肢を増やすために必要」なものと親も考える。

ピンチ11

大人に対して敬語がうまく使えていない

新しい環境を加えてもいいかも

敬語など、TPOに応じた言葉遣いは、授業での聞く姿勢にもつながります。

近年、「パワハラ」という言葉が一般的になるにつれ、先生の威厳がどんどん失われています。できるだけ目線を下げて、友だち感覚で子どもに接することを心がけている先生も決して珍しくないようです。

そんな先生はもちろん子どもたちの人気者にはなるでしょうが、そういう先生ばかりだと、子どもが敬語を使う機会がなくなってしまいます。

実生活で使う場面がなければ、どれだけ国語の時間に学んでも、敬語はなかなか身につきません。

結局、「敬語を使えない」とは、リスペクトする大人がいない環境なのかもしれません。

誰とでもフラットな関係で付き合えるのは、場合によっては強みになりますし、一概に悪いとは言えないかもしれませんが、やはり、上下関係があったり、リスペクトできる大人がいる環境は体験しておくほうがよいでしょう。

一般的に、子どもが敬語を使えるようになるのは、小学5年生くらいから。

その頃からは、たとえば学校の三者面談や授業参観などで、親以外の大人と話す子どもの姿を見る機会があったら、子どもがどれくらい敬語が使えるのかをよく観察してみてください。そのほか、友達の親や習い事の先生との会話の様子を見てもわかります。

そこで年齢相応に自然に敬語が使えていれば、よい環境に身をおいていると安心できますね。

もしも、誰に対しても友だちのように接しているとしたら、新しい環境を加えることを検討してもよいでしょう。

塾やスポーツなどで、程よい緊張感を子どもに抱かせる大人の存在は、きっとあな

たのお子さんの成長を後押ししてくれるはずです。

大人に対して
敬語が
うまく使えていない
の

まとめ

ＴＰＯに応じた言葉遣いができるようになると、授業もきちんと聞けるようになる。

リスペクトできる大人がいる環境に子どもを置いて、適度な緊張感を抱かせるようにしてみてもいい。

ピンチ12

「塾で勉強してるし、学校には行かなくていいよね」と言い出した

学校は知識を得るだけの場所ではない

受験対策の塾では先取り学習をしているので、「塾の勉強で十分だし、楽しい」と言う子もたくさんいます。塾を経営する身としてはうれしいのですが、それはある意味当たり前かもしれません。

というのは、塾は同じような学力レベルの子でクラスをつくるケースが大半ですから、自分のためにオーダーメイドされた授業がつまらないはずはないのです。

一方、公立小・中学校の先生は、学力も目標もタイプも違う30人もの子どもを一度に相手にしなくてはなりません。そのため、すべての子が面白いと感じる授業にするのは不可能です。もちろん、それは先生たちの能力の問題ではなく、あくまでも「平等」でいなければならない公教育の弊害なのです。

しかし、実際には「塾に行っているから学校に行かなくていい」は間違いです。なぜなら、学校の意義や目的は、授業を受けて知識を得るだけではないからです。**学校とは子どもにとってはもっとも身近な「社会」であり、そこに身を置き、友だちや先生たちとさまざまな交流を重ねて、子どもたちは日々成長していきます。**

また、学級活動や給食の時間、そして運動会や修学旅行、伝統行事、理科の実験など、塾では決して体験できない楽しみや学びもあります。塾よりも生徒数は多いことがほとんどですから、より多種多様な人間関係も学べます。

学校の楽しみを見つけられるよう全力で後押しを

小・中学生という多感な時期に、朝から午後までをほぼ毎日過ごす学校を「つまらない」と感じさせてしまうのは、とてももったいないです。

もしもお子さんがそのように感じているなら、学校で、池の鯉を観察するでも、サッカーをするでも、好きな子にかっこよく見られたいでも、休み時間にドッジボールやりたいでも、何かひとつでもよいので、楽しいことを見つけられるよう、全力で後押しをしてあげてください。

でなければ、ゲームのほうが大事、ユーチューブのほうが楽しいという状況にどんどんなってしまいます。

しかし、そればかりでは子どもの体験や見聞は広がりません。

さまざまな体験を重ねることで、「物語」を理解する力は高まります。勉強という意味では、文章題の攻略へもつながります。

ただし、「学校に行かない」という言葉の裏に、深刻な理由が隠されているケースもあります。いじめなどに悩んでいるのをごまかすために、「つまらない」と言い訳している可能性もあります。

そのような場合に学校の意義云々という話を持ち出すと、子どもをさらに追い込んでしまう結果になりかねません。

もしも「学校に行かない」と言い出したときは、決して軽く考えず、お子さんとじっくり話をすることを忘れないでください。

「塾で勉強してるし、学校には行かなくていいよね」と言い出したの

まとめ

学校は子どもにとっての小さな社会。勉強以外の学びのためにも楽しみを見つけて行くようにさせる。

どうしても行きたがらない場合はいじめ等の可能性も。まずは子どもとじっくり話し合おう。

ピンチ13

受験が近づき、習い事との両立に悩んでいる

本人が迷っているなら、親が優先順位をつける

お子さんの受験が近づくと、保護者の方から「ほかの習い事はいつやめさせればいいか」「それとも続けたほうがよいのか」といった相談を受けることがよくあります。親としては、「スポーツも続けたほうが体力がついて、勉強にも集中できるのではないか」と思ったり、逆に、「習い事はさっさとやめるべきではないか」という心配も生まれてくるのでしょう。

まず、**無理に「文武両道」をめざす必要はまったくありません。**本人が望んでないのに、親が「スポーツも塾もがんばりなさい」と無理強いするのはNGです。小・中学生はまだそこまで体力はありません。

一方で、本人が両立できそうもないと感じているけど、その習い事は好きなので、

悩んでいるケース。その場合は、たとえば、「2か月休めば、またチームに戻れるよ」とか「3か月後の試合には出られるように、コーチに話しておくから」とか、親が促すのがよいでしょう。**受験が終われば再開できるとわかれば、本人は安心して受験に集中できます。**このように本人が迷っているときは、優先順位は親がつけるのがベストです。

子どもが続けたがっている場合は？

また、子どもが習い事を続けたいと思っているのに、親に習い事をストップさせられてしまった場合、モヤモヤしたまま、かえって勉強に集中できないケースもあります。そこは無理にやめさせたりはしないでください。

「〇〇の大会が終わったら」などと自分自身でやめ時を決められた子や、「このまま両立するのは無理だな」と**いい意味であきらめられた子は、上手に気持ちを切り替えられます。**

夏休みが終わっても習い事をやめる気配が一向に見えないと、焦りはじめる親御さんも多いのですが、勉強のギアが一気に上がりはじめる受験直前の11月、12月あたりになると、習い事を一旦やめる決断をする子がほとんどです。

中には、結局最後まで両立し続けて、限られた時間の中ですばらしい集中力を発揮し、よい結果をつかみとる子も珍しくはありません。仮に「第一志望校合格」の成功は手に入れられなかったとしても、好きなことに全力で取り組みながら受験にも挑んだ経験は長い目で見れば決してムダにはならないでしょう。

そもそも、**かんたんにやめる決断ができないほど、熱中できる何かがあるのは、とてもすばらしいこと**ですから、その気持ちは十分に理解してあげていただきたいです。

やめたいときにやめられる習い事か、はじめる前に確認を

ただ、気をつけていただきたいのは、やめたいときに自由にやめにくい習い事もあることです。

ここ数年、サッカーや野球、バスケットなどのチームスポーツに取り組んでいた子が、受験を理由にチームをやめようとしても、なかなかやめさせてもらえない話を耳

にするようになりました。
「1人でも欠けてしまうと試合に出られない」というチーム事情が絡む場合はさらに深刻で、慰留を振り切ってやめた結果、親子ともにその後のつきあいが気まずくなるケースもあります。
やめる、やめないでトラブルになれば、子どもも傷ついてしまいますから、それを避けるためにも、野球やサッカーなどのチームに所属する場合は、やめやすいかどうかを事前にきちんと確認しておくと安心です。

受験が近づき、習い事との両立に悩んでいるのまとめ

本人が望んでいないのなら無理に続けさせない。まずは子どもの意思の確認を。

最後にはやめる子も多いので、焦らずに待つことも大事。

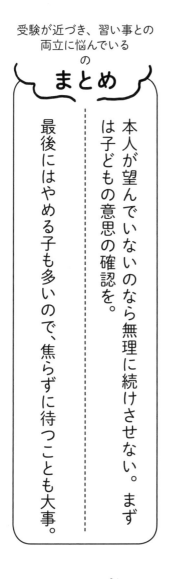

コラム1

スマホなどのデジタル端末は万能？ 悪？

学力を伸ばすツールとして活用するしかない

ゲームと同様ですが、スマホやネットなどとの付き合い方は、教育現場でも賛否両論です。

しかし、デジタルツールを取り入れた授業は一般的になりつつありますし、今後は入試にタブレットを導入する学校も出てくるのです。

デジタルに関して、親が子どもにまかせっきりにするのはよくないですが、過剰管理も必要ありません。

家族の会話の中でネットの危険性を話題にすることや、年齢に応じたフィルターをかけて、閲覧できるサイトを制限する、少なくとも小学生までは自分の部屋ではなく、家族がいるリビングルームでのみ使わせるといった**最低限の対策さえ講じていれば、基本的には過剰に心配する必要はない**のが私の考えです。

子どものデジタル対応力は高いので、家でパソコンやスマホを使えれば、大人に教えられなくても自然にデジタルスキルそのものは習得できるでしょう。

ネットの危険性はむしろ子どものほうが認識している

一方で、デジタルツールを、子どもに与えることを不安に思ったり、「勉強の邪魔になるもの」だと感じる人も多くいらっしゃるように思います。しかし、**子どもは、その危険性も大人が思っている以上に認識しています。**

トラブルを事前に防ぐためのネットリテラシー教育に力を入れている学校も多いせいか、ネットの情報がすべて正しいわけではない事実をちゃんと理解している子のほうが多いのです。あくまでも私の感覚ですが、フェイクニュースへの扱いは、大人よりもむしろうまい印象さえあります。

「スマホは勉強の邪魔になる」に関しては、小学5年生以上であれば、いっそのこと、デジタルツールを利用してしまうとよいかと思います。スマホ、タブレット、パソコン、何でもよいのですが、**今まで1時間かかっていた勉強が、デジタルツールを利用すれば能率が上がり、10分で終わるかもしれません。**

デジタルツールがほかと比べて、勉強に役立つ特徴は、「音声が出る」「動画が見られる」「立体で見られる」「画像が見られる」「検索すると、すぐに出てくる」「色の変化が見られる」などです。だから、たとえば、「英会話」「太陽や月の動き」「花・昆虫の種類」「算数（数学）の立体」「地層」「理科の水溶液」などのさまざまな動きやカラー、音声に触れることができます。

宿題の管理ツールや漢字や計算などの学習ソフトなども有料・無料でネット等にあるので、子どもによっては紙よりも興味をもって取り組みます。ユーチューブで上がっている授業もかなりレベルが高いものもあります。

ちなみに小学2年生以下だと、勉強に関してまだそれほど重宝できる情報はネットにありませんので、紙やリアル体験を重視しましょう。

低学年のうちは積極的に取り入れる必要はないのですが、どうしても勉強が嫌いな場合、きっかけづくりのひとつとして早めにデジタルを入れるのもありです。小学3、4年生くらいにはデジタルツールの使い方をマスターして、その後少しずつ勉強の効率化に取り入れるのがよいかと思います。5年生以上はデジタルも積極的に利用できるようにするとよいでしょう。

また、単純に子どもの疑問に親が対応する場合も、デジタルツールを思いっきり活用してください。

たとえばふと、「茨城県の県庁所在地はどこだろう？」という疑問が生じた場合、本棚から地図帳を探し出し、ページを開いてまでその疑問を解決しようとするのはよほど向上心の高い子どもだけです。普通の子は本棚に行くことすら面倒臭いので、せっかく湧いた疑問もそのまま放置でしょう。勉強が嫌いな子は、3秒歩くだけで興味は削がれてしまうものです。

でも常に手元にあるスマホで検索したり、声で尋ねたりすれば、「水戸市」という答えにすぐにたどり着けます。こういうスピード感は大きなメリットです。

しかも、さらに広がる興味にもデジタルツールならどんどん答えてくれます。水戸の名産は何か、水戸出身の有名人は誰か、水戸を舞台にした小説は何か……など、どんな方向の疑問も即座に解消できるでしょう。

英語や国語の辞書を本棚にしまいこんで、スマホを片手に勉強する子どもの姿を見て、本当にこれでいいのだろうかと疑問に思っている親御さんもいらっしゃるようですが、私は紙の辞書にこだわる必要はないと考えています。

紙の辞書を開けば調べようとした言葉だけでなく、前後の言葉にふれられるメリットがあると長く言われ続けてきましたが、そのメリットを得たい場合は、パソコンソフトやスマホの辞書アプリ等を入手するとよいでしょう。英語の辞書は音声を聞くこともできるのですから、紙以上に優秀とも言えます。

ネットがつながらなかったり、充電が切れたら使えなくなるデメリットはありますが、重い辞書を持ち運ぶ手間は省けます。

2章

よい？悪い？その気になる「変化」は子どもからのサイン！

ピンチとは言えないまでも、
子どもの気になる「変化」は、
実は何かの「サイン」かもしれません。
そのサインの意味をお伝えするとともに、
それに上手に対応して、
子どもを伸ばすためのコツをお話しします。

＼変化1／

親への質問が多くなる

興味が広がっている証拠。親はかんたんには答えない

成績のいい子ほど、「この間、お父さんから聞いたんだけど……」「昨日お母さんと話していたときに……」という言葉をよく使います。

そんな子どもたちを見ていてつくづく感じるのは、**「子どもの成績を伸ばす鍵は、家庭内での会話にある」**です。

もともと会話が豊富にある家庭のお子さんの場合、「最近、質問が多くなったなあ」とは、単なる会話から一歩進んで、探究心や知識を得ようとする意欲に火がついたサインにほかなりません。

ただ、こういう成長のチャンスを最大限に生かすには、小学校中学年以上くらいからは、親は質問にはかんたんに答えないのが大事です。

基本的には、「自分で考えさせる」「自分で調べさせる」など、答える前にワンステ

ップはさんでみてください。親はその質問に関係のある本を買うとか、いっしょに読むとかしてサポートしてもよいですね。

さらにプラスアルファするとしたら、それに関するイベントに行くなどして、**リアル体験を通して、「答え合わせ」をさせます。**たとえば、魚についての質問をされたとしたら、親はすぐに答えずに子どもに考えさせたり、調べさせたりします。その後、水族館に連れて行くのです。それらのステップを踏むことで、誰かにすぐ教えてもらうより、思考や想像もするし、確実に知識は身につきます。

「疑問を自分で解決する力」は、その後の学力を伸ばす大きな土台となりますから、早い段階でこの力を身につけられればもうそれだけで大きなアドバンテージとなるでしょう。

ただし、くり返しますが、これは小さい頃から家庭で十分な会話があり、会話が質問という形に変わったお子さんの場合です。

このようなお子さんの質問は、その内容が非常に具体的で、疑問点が明確である特徴があります。

「○○を発明したのは誰？」

「○○って人口はどれくらい？」

このような質問ができているとしたら、親はかんたんには答えないことです。

子どもが小さいうちは突き放しは厳禁

一方、小学校低学年のうちは「なぜ？」「どうして？」と質問をくり返し、親を困らせますが、親の「自分で調べなさい」などの突き放しはまだ厳禁です。

根気強く親やまわりの大人たちが答えてやれば、「疑問をもつ」→「質問する」→「教えてもらう」→「納得する」という経験を積むことができます。

この**「納得する」経験は、実はものすごく重要で、これがあるからこそ次の質問の意欲が湧きます。**いくら質問しても適当にごまかされたり無視されたりすると、子どもは質問をあきらめてしまい、「質問の経験」を積むことができません。

親がすべての質問に答えるのは、とても根気のいる作業ですが、この段階において重要なのは「答え」そのものではなく、子どもが「納得する」経験なので、一見正解がなさそうな質問でも、親御さんなりの「答え」を与えます。質問の内容が的を射ない場合は、会話のキャッチボールをくり返し、子どもが自分の疑問点を具体的に表現できるよう、手助けすることも必要です。

そうしているうちに、結果的に「質問力」も上がっていきます。

「質問力が上がる」とは、質問の内容が難しくなるかどうかではありません。「疑問点が明確な質問ができるようになる」ということです。

つまり、**「質問力」とは、単に「質問する力」ではなく、「自分のわからない点を明確にする力」**でもあるのです。

たとえば、算数でわからない問題がある場合、「質問力」が高い子は、「自分がどこまで理解できていて、どの段階からわからなくなるか」のように、疑問点を整理することができます。疑問のポイントが明らかなら、あとはそれを解決するだけなので、そういう子は非常に効率よく勉強を進められます。

けれども「質問力」の低い子は、「全体的にわからない」と疑問のポイントが定まらず、いわば「どこがわからないのかわからない」状態です。

そうなると、答えを得るのに必要以上に回り道をしなければならず、成績を伸ばすことは難しくなってしまいます。

だからこそ、**「質問力」を磨くことは成績を上げるために欠かせないポイント**なのです。

子どもが安心して質問できる場所をつくる

このように親御さんの態度でも子どもの「質問力」を伸ばせますが、実は早い時期から塾に通うのも、それを磨くうえで大いにメリットがあると私は考えています。

成績のよい子は短時間で効率よく質問して吸収します。この訓練をすることで、国語のまとめ力もつくようになります。

しかし、子どもにとって「質問する」のは意外にハードルが高く、安心できる環境や心を許せる相手でないと、疑問を素直にぶつけることができません。

早い時期からそれぞれの理解力に応じた対応をしてくれる塾に通い、早めにその環境や先生に慣れてしまえば、たくさんの質問をし、そして納得する経験をたくさん積むことができます。すると、勉強に本腰を入れる学年になる頃には十分な質問力が育っています。

もちろん塾にまかせておけば安心、というわけではありません。

質問力をつける前提として必要なのは十分な会話であり、その中心はやはり家庭であるべきです。とにかく子どもとたくさん会話することを、ぜひ今すぐはじめてください。

親への質問が多くなるの

まとめ

子どもの学習意欲に火が点いているので、大きい子なら自分で考えさせると、知識は確実に身につく。

「質問力」が上がると、効率よく勉強を進められる。

変化2

屁理屈っぽい質問ばかりしてくる！

「かまってほしい」サインかも！

変化1の内容と違って、子どもの質問の内容が曖昧《あいまい》な場合、要するに「あまり意味のない質問」である場合は、状況がまったく違ってきます。

「なんで大人は働かなくちゃいけないの？」

「なんで子どもは勉強しなくちゃいけないの？」

もちろん状況によっては、このような質問に意味がある場合もありますし、「なぜなぜ世代」の小学校低学年以下の子どもなら問題はありません。しかし、明らかに**屁理屈として、このような質問を親に畳みかけてくるようなら、心の拠り所を失っている可能性があります。**

家庭での会話が少なく、会話のトレーニングが不足しているお子さんによく見られるのですが、これは質問というより、「もっと自分にかまってほしい」サインです。

つまり、疑問があるから質問するのではなく、**うまく会話ができないから、「質問」という形をとっている**に過ぎません。

そのようなお子さんの場合に必要なのは「質問の答え」ではなく、**親子の「会話」による心の充足**です。一見堂々巡りになりそうな質問だったとしても、その答えを探すふりをして、じっくり会話をしてください。最近は家族がいっしょに過ごす時間さえ、親も子もそれぞれがスマホの場面に夢中なケースが多く、会話が少ないご家庭は非常に増えています。

もしも心当たりがあるのなら、それと同時にこれまでの会話不足を改めましょう。会話を重ねることで、子どもは語彙や知識を増やしていきます。

また、屁理屈的な質問が多いときは無理に勉強をさせても、心がマイナスの状態なので、効果が薄いでしょう。

ですから、まずは子どもの環境等を見直してみるチャンスだととらえてください。

勉強は難しいことや苦手なことをやるのではなく、かんたんなものを中心に、自信をつけることからはじめましょう。

屁理屈っぽい質問ばかりしてくる！の

まとめ

屁理屈を言う子に必要なのは「答え」より「会話」。

屁理屈が多いときは勉強させても効果は薄い。まずは環境を見直し、かんたんな勉強で自信をつけさせる。

変化3

些細なことに反抗する

成長しているサイン。外の世界を広げるチャンス

小学校高学年〜中学生が反抗することが多くなると、「反抗期」のひと言で片付けてしまいがちですが、対応を間違えると、成績が下がる要因になります。

当然、反抗期は、大人になる過程で必要なステップでもあるため、上から抑えつけて一切反抗させないのは、よい方法ではありません。

反抗期の子どもに対しては、「子ども扱いしないこと」「理屈で説明すること」が大事です。反抗期の子どもであっても、本来であれば、「話せばわかる」のですが、そこに感情が入ると話がややこしくなります。

親子の関係だと感情を絡めないのはなかなか難しく、勉強や成績のことを注意しようものなら、「勉強なんて意味ねえし！」などと激しく口答えするような子もいるかもしれません。それに真正面からぶつかったところで、いいことなどひとつもありま

せん。

反抗期の子どもは、タチの悪い酔っ払いと同じなので、「意味がないと思うならしなくていいよ」と突き放すくらいでちょうどいいのです。

そうやって嵐が去るのをひたすら待つことでもある程度解決できるのですが、もっとよいのは、具体的な対応を学校や塾の先生、スポーツのコーチなどの第三者に思い切ってまかせてしまうことです。

今の子どもは基本的に外面がいいので、他人に対して感情を爆発させることはあまりありません。

反抗期とは、子どもが成長しているサインでもあります。成長の分、家族の言うことには反発しても、外の人の意見には耳を傾けるようになっているからです。

VAMOSでも、小学3〜4年生のうちは先生の言うことを聞かなかった子でも、5〜6年生以上になると、先生に叱られたら反省したり、他人に耳を傾けて、より一層がんばろうという気持ちが出てくる時期です。だから、反抗期は、子どもがほかの広い世界を見るチャンスだととらえましょう。

親御さんに心がけていただきたいのは、子どもの反抗期を親だけで解決しようとしないことです。そのためにも、「親の言うことを聞かなくなった」ことを、まわりに隠さないでください。

VAMOSで反抗期の相談を受けた場合

VAMOSでは、親御さんから、「子どもが反抗して勉強もしなくなった」という相談を受けると、その子に対して、今勉強をサボった場合、半年後、1年後、2年後に何が起こるかを偏差値などの数値を持ち出しながら、説明するようにしています。家では激しく親に反抗しているお子さんでも、意外なくらい素直に話を聞いてくれます。

「このまま勉強をサボり続けると、半年後には君の偏差値は3から4下がる。それを元に戻すには半年かかる。そうなると、志望校のレベルを下げざるをえなくなるけど、それを君は理解してる？」

そうやって理論で攻められると、反抗期の彼らも「まあ、確かにそうだな」と納得します。そして、渋々ではあっても、勉強を再開してくれる子がほとんどです。

親と距離をもちはじめると、子どもが外でも孤立しているのではないか、本当は寂しいのではと心配になりますが、**家で負の感情を吐き出している子どもほど、家庭の外では親が驚くほど穏やかに過ごしていることも多い**のです。我が子が家では見せなくなった笑顔を学校では浮かべているのを見て、ほっとするあまり涙を流す親御さんもいると聞きます。

最近は逆に、「反抗期がなくて心配」という親御さんの声を多く耳にします。穏やかで素直なのが最近の子どもの資質なので、「反抗期がない」ケースも自然の流れなのかもしれません。

親が必要以上に抑圧している場合は別として、反抗期がないことだけが原因でのちのち大きな問題が起こるかと言えば、決してそんなことはありませんから、過剰に心配する必要はないのです。

些細なことに反抗するの

まとめ

反抗期は成長の証。親は「酔っ払いにからまれた」くらいの心持ちで接すること。

ひどいときは親だけで対応しようとせず、第三者に頼ること。子どももそのほうが穏やかになる。

変化4

友だちの成績を気にしすぎる

ベクトルが自分に向いていないサイン。このままでは後伸びしにくい

友だちに負けたくない対抗心は確かに子どものやる気をアップさせます。

ただスポーツでも勉強でも、本当に伸びる時期には、他人のことは気にならなくなります。逆に他人のことばかりいつまでも気にしている子はどうしても後伸びしないのです。

そういう子は、たとえば本来の実力なら80点取れるテストの結果が50点だったとしても、まわりの友だちがそれより低い40点だったならあまり危機感を感じません。逆に実力を十分に発揮して85点をとっても、90点の友だちが近くにいると自信を得られません。

自己評価の基準が自分以外にあると、自分自身を客観的に見ることができず、その

結果目標もブレてしまうので、大きく伸びないのです。

子どもがテストの結果に対して、二言目には「○○くんよりいい点数だった」とか「△△ちゃんに負けた」など、すぐに他人の点数を持ち出す場合は、本来自分に向かうべきベクトルが外に向いているサインです。そんなサインに気づいたら、外に向いたそのベクトルを自分に向かわせるように親が導きます。

つまり子どもが友だちの点数を持ち出して、「勝った」「負けた」と一喜一憂していても親は軽く受け流し、その子の本来の実力や前回のテストに比べてどうだったかに重点をおいて激励したり、アドバイスしたりすることが大事なのです。

中学受験する場合は小学6年生の夏くらいには、高校受験の場合は中学3年生の夏くらいには、自分と志望校の距離を確認させて、しっかり自分に矢印を向けさせます。テクニック的には、親は週ごと、月ごとに受験スケジュールを書き出して、たとえ模擬試験の順位が悪いときでも、まわりと比べて落ち込む暇はないと子どもにわからせるのがよいかと思います。

あとは、子どもが自信をつけられるような模擬試験を受けさせるとか、勝てそうな勝負にも臨ませることも大事です。

ＶＡＭＯＳでも、生徒たちにわざと勝てる模試を受けさせて、気分よくなってもらい、次はちょっと難しいものを受けさせて、負ける体験もさせたりと、勝ち負けの両方の体験をさせます。

そうして、「いちいち、まわりを気にしていてもしかたない」と気づかせて、自分に矢印を向けさせます。このように、**親が子どもの勝ち負け体験をコントロールするのもひとつの手**です。

親がこんな発言をしていませんか？

結局、**子どもがまわりを気にする本当の理由は、親の態度**です。

自分ではあまり意識していなくても、「その点数はクラスで何番なの？」「〇〇くんよりいい点数だった？」「平均点は何点？」というように、無意識にいつも誰かと比べるような発言をくり返していませんか？　私が面談していても、そもそも親御さん自身のベクトルが、他人のお子さんに向いていると思われるケースは決して珍しくありません。

もちろん受験は「相対評価」で、そのために偏差値があります。我が子の成績が集団の中でどの位置にあるのかをまったく無視するわけにはいきません。

ただ、少なくとも小学生、中学生のうちは、本人がそれを気にしすぎるのは逆効果です。

昨日より今日、今日より明日、というように、**あくまでも過去の自分より成長している自分を感じさせるほうが大きく伸びる可能性が高いのです。昨日解けなかった問題を今日解いてみて正解であれば、それは成長であり、これを続けることが成績アップにつながります。**


子どもを伸ばす親御さんは、子どもの〝偏差値〟をきちんと把握する一方で、子どもに対してはそこに必要以上にフォーカスしない態度で接しています。

親にいつもまわりの子と比べられているうちは、子どものベクトルが自分に向くことはありません。

友だちの成績を
気にしすぎる
の
まとめ

まわりではなく「前回の自分」と比べてどうだったかを考えさせ、ベクトルを自分に向けさせる。

親がまわりと比べていると、子どもも比べてしまう。親が無意識に比較していないか気をつける。

変化5

意外なジャンルの本を読みたがる

新しい興味が芽生えているサイン。水をあげないと枯れる

「意外なジャンル」と言っても、大人が「意外」だと感じるだけで、当の本人にとっては、それに興味を持ったその子なりの理由があるはずです。

ここで注目するのは、「どんなジャンル」に興味をもったのかではありません。親が後押しすべきは、「興味をもった」→「それについてもっと知りたい」→「本を読みたい」という意欲です。そして重要なのは、その意欲に「即」、応えてやることです。

子どもの意欲は本当に瞬間的です。翌日にはもう興味を失っている可能性さえあります。 特に最近の子どもは、基本的に受け身なので、「自分の興味を満たすためにとことん突き進む」という馬力がある子は滅多にいません。

「すぐ消える程度の興味ならその後も期待できないから、フォローの必要はないのでは？」と思うかもしれませんが、それは大きな間違いです。

タイミングを逃すとゼロになるような興味の芽でも、芽生えたそばからそれを満たしてやると、さらに深い興味につながっていく可能性は大いにあります。**環境さえ整えてやれば、器用に順応できるのは今の子の強み**です。

東大生が昔読んでいた本とは

子どもが何かのジャンルに興味をもったら、チャンスです。

そのジャンルやそれに関連した本を親がこっそり増やしておくなどして、子どもの興味をさらに伸ばせば、長い目で見ると学力にもつながります。

もちろん、学力と直接は関係のないジャンルの本でもOKです。高価な必要もなく、800円とか700円の漫画調や雑誌、薄い本など手頃なものでも置いておくといいでしょう。

いかにして芽生えた興味の芽を摘まないようにするかは、今の子どもを伸ばすテクニックのひとつなのです。

そういう意味でも、家の本棚にさまざまなジャンルの本が並んでいて、子どもが読みたいと思ったときにすぐに手が届く環境が整っていれば理想的というわけです。

東大生に「小さい頃どんな本を読んでいたか」とアンケートをとると、「家にあった本」という回答が一番多かったそうです。つまり彼らの家の本棚には、「読みたい本」が常に並んでいたのでしょう。


家にたくさん本をそろえるのはなかなか大変ですが、そういう場合は、**定期的に大型書店や図書館にお子さんを連れ出して自分で本を選ばせるのもよい方法**です。

もちろんここでも、大人から見ると「なぜこの本なの？」と不思議に思うようなジャンルのものを選ぶ可能性が高いのですが、お子さんの興味が今そこにあるのですから、それは絶対に否定しないでください。漫画っぽくてなんの役にも立たないのではないか、あるいは難しすぎるのではないか、と思ったとしても、とにかく読ませてみることです。

自分から興味をもつからこそ、才能は伸びる

成績のいい子ほど、本は自分で選んでいます。

親としては「この本が役に立つ」「こういう本を読ませたい」という理想があるでしょうが、それを押し付けるのはナンセンスだと思っています。親が読ませたいものを、こっそり棚に忍ばせておいてもよいですが、もし子どもが読まなかったらあきらめましょう。

2020年からの教育改革では、オーソドックスな知識より、幅広い知識から生まれるユニークな発想のほうが高く評価されると言われていますので、ステレオタイプの「推薦図書」を押し付ける必要はありません。また、彼らの価値観は、親世代の価値観とはまったく違いますから、自分が子どもの頃読んですごく面白かった本でも、子どもにはそっぽを向かれる可能性が高いです。

そもそも**本とは自ら興味をもって読むからこそ面白いのであって、他人の価値観で選ばれたものが面白いはずはありません。**

もちろん、受験対策として読んでおくべき本はありますが、純粋に「読書」という観点からいえば、大人が読ませたい本と子どもが読みたい本は違うのを親御さんにはぜひ理解していただきたいです。

また、「最後まで読まなければ意味がない」と考える人は多いのですが、そんなこともありません。**「興味があったから読みはじめたけどつまらなかった、だからやめた」、ただそれだけのことで、それもひとつの発見**なのです。

読みはじめては途中でやめてしまうことをくり返す中で、子どもは自分が本当に好きなもの、深く学びたいものを徐々に見極めていきます。一度読むのをやめてしまった本でも、のちにまた読みたくなることもあります。つまり、これも一種のトライ&エラーなのです。

親が最後まで読むことを強要すれば、子どもは興味を深めたいものを見つける前に、本を読むこと自体が嫌になってしまいます。「興味をもった」→「そこから1歩踏み出して、本を読むアクションを起こした」という姿勢をぜひ認めてあげてください。

問題集も最後のページまできっちり仕上げなくてもいい、というリラックスした気持ちでいきましょう。

お子さんをその気にさせるのがうまい親御さんは、そういうワザをもっているのです。

意外なジャンルの本を読みたがる

の

まとめ

意外だと思うのは親の価値観。興味をもったジャンルではなく、興味をもったこと自体が大事。

学力に直接関係なくても、いろいろな本を興味をもって読めば、子どもの伸びしろは広がる。

変化6

これまで使っていなかった言葉を使う

得意な学びの「スタイル」が見えるサイン。どこから覚えたのか探ってみよう

子どもがこれまで口にしたことのない、少し大人びた言葉を使ったりするのは、順調に成長しているポジティブなサインです。それに気づいたら、さりげなくその言葉をお子さんがどこで仕入れてきたのかを探ってみてください。

新しい言葉や知識の仕入れ先を知れば、その子の親の知らない日常や人間的な成長が垣間見られるのみならず、**「何を媒体に学ぶのが得意なのか」**、**つまり、その子の「学びのスタイル」がわかります。**それが、その子が伸びる環境を整えるうえでの重要なヒントになるのです。

「その言葉、どこで覚えたの？」

「それ、誰に聞いたの？」

こんな質問を投げかけてみて、頻繁に友だちの名前をあげるようなら、その子は友人を通じて学ぶのが得意な子です。

または、「テレビで見た」「本に書いてあった」と言うなら、テレビや本から学ぶのが得意で、「ネットで読んだ」と言うなら、ネットから仕入れた情報が身につきやすいのです。

そのような傾向がわかっていれば、学びの環境づくりはかんたんです。その環境を親が積極的に与えればよいのです。そうすれば、自分の「ホーム」となる媒体からより多くのことをどんどん吸収し、ぐんぐん成長していきます。


また、学ぶ媒体やルートが友だち、新聞、本、ネットなどと、バランスよく多岐に渡っているのは、日常生活からいろんなことを上手に吸収する子です。すべてが学びの機会となり、「生きていることは学ぶこと」なので、非常に得なタイプです。こういうタイプの子は、たくさんの人との交わりやさまざまな経験が、学力を伸ばすことにも直結します。

また、中には、学校や塾の授業、つまり「座学」こそが、一番の学びになるお子さんもいます。そういう子は真面目にコツコツ勉強することで、どんどん知識を身につけるため、学校や塾の質が、学力を伸ばす大きなポイントになります。座学を苦にしないタイプでもあるので、受験を意識していなくても、少し長めに家庭学習の時間をもたせるようにしたり、早い年齢から塾に通わせるのもよいでしょう。

「体験こそがベストの勉強法」だとよく言われます。「楽しく効率的に学ぶ」という意味ではそれも事実ですし、日常生活を学びの機会にするのはとても大切です。

ただ、知識の吸収の仕方はさまざまなので、**子どものタイプによっては、ひたすら机に向かっているほうが性に合うケースも実際にある**というわけです。

いくら親子でも、親御さんが得意としたやり方が、子どもにも通用するとは限りません。

誰でもこんなふうに勉強すれば必ずよい結果につながる、という魔法の方法なんてありません。よい結果が出るのは、その勉強法がその子に合っているからです。

これまで使っていなかった
言葉を使う
の
まとめ

子どもがどこから覚えたのかをチェックして、「学ぶ環境」づくりに役立てる。

親が得意な勉強法と子どもが得意な勉強法は違う。柔軟に対応しよう。

変化7

学校で学んだことを普段の生活に生かそうとする

楽しい学びができているサイン。楽しさを結果につなげるよう促す

「家庭科で習った料理を家でつくろうとする」「学校で習った理科の実験を家でやりたがる」「英語の歌のワンフレーズを口ずさむ」など、**学校で学んだことを家で実践したがったり、嬉しそうに話すのは、本人の好奇心が刺激されていることの表れ**です。とてもよい環境で学べているサインとも言えます。

でも、それが成績に直結するかと言えば、残念ながら話はそう単純ではありません。ただ「楽しい」だけで終わっていたり、先生の話がとにかく面白くて、授業自体を楽しんでいるだけかもしれません。

たとえば、学校の授業で「楽しく学ぶこと」を優先する傾向がある英語では、興味

関心は高まっても単語や熟語はまったく暗記していない子もいます。

そこで、親がよりそれを身につけられるようサポートします。

たとえば、「今日は何を習ったの？」と聞いて、子どもが楽しそうに答えるなら、まずは晩ご飯のとき等の会話にするのが第一歩。次に、興味を体験につなげます。

たとえば、子どもが楽しく感じたのが「歴史」であれば、休みの日にそれに関連した旅行に行ってみる。「分数」だったら、「リンゴを○人で分けるには、どう切ればいい？」と家で切らせてみて、「これが○分割だよ」と教えてあげる。「英語」だったら、洋楽を聴かせてみる。

これが、**「体験こそがベストな勉強法」の実践**です。その後、習ったことを復習すれば頭にも知識が入るでしょう。

私たちは、VAMOSに入塾するお子さんの好きな教科の成績を伸ばすことを、最初の目標にしています。

目に見えて成績が伸びればそれは子どもの自信となり、「勉強」に対するモチベー

ションが一気に上がるからです。

「それを学ぶことが楽しい！」気持ちは、すばらしいアドバンテージです。もしもそれが成績に反映されていないと感じたら、「楽しい」気持ちを失わないうちに、親がフォローするほうがよいでしょう。

学校で学んだことを普段の生活に生かそうとする

の

まとめ

うれしそうなら本人の好奇心が刺激されている証拠。親は学びを身につけられるようサポートする。

学校で学んだことを体験につなげる。その後復習すれば知識が身につく。

変化8

自らすすんで机に向かっている！

不安のサインであるケースも。その表情を観察して

「勉強しなさい！」と言われなくても、自ら机に向かって勉強をはじめる——そこに「勉強に対する前向きな気持ち」がともなっていれば、もちろんこれはとても喜ばしいサインです。

真剣さの中にもどこか楽しそうな雰囲気が感じられたり、やる気が伝わってくるくらい生き生きとした表情を浮かべているなら、学力を伸ばす絶好のチャンス。親が「がんばってるね！」と声をかけ、大いに励ましてあげると、ますますその気になってくれる可能性が高いでしょう。

ただ、**自ら机に向かってはいるものの、表情が沈んでいたり、どこか落ち着かない様子が見える場合は注意が必要**です。

なぜならそれは精神的に追い込まれているサインかもしれないからです。

夜遅くまで塾で勉強してきたにもかかわらず、さらに机に向かおうとする場合や、自分の部屋にこもってほとんど出てこない場合などは、その可能性はさらに高くなります。

「このままではみんなに置いていかれる！」「志望校に合格できない！」という焦りが、休む間もなく机に向かう行動となって表れているのです。

自分から机に向かっている姿は「やる気」の表れのように見えて、親は安心してしまいがちですが、最近の子どもたちは非常に素直で真面目なタイプが多いため、それが実はネガティブなサインである場合も多いです。

もちろん受験生であれば、「焦るな」というほうが難しいですし、本番まで3か月を切っているくらい差し迫っている場合なら、その状況でもなんとか乗り越えられるかもしれません。

けれども、受験生ではない、あるいは受験生であっても本番までまだ3か月以上時間があるにもかかわらず、必要以上に気負ってしまうお子さんは、どこかで必ず息切れしてしまいます。とりわけナイーブなお子さんの場合、途中で心が折れてしまう危険性もあります。

「不安からの勉強」ではなく「前向きな勉強」に向かわせる

普段から、**子どもの表情や言動をよく観察して、「あれ？」と思ったら、とにかく手を動かすことをすすめる**のもひとつの手です。

たとえば前述した「算数は1桁の計算をひたすらやる」でもかまいません。「これだけやりきった！」という達成感を感じられることをまずは目指します。すると、徐々に「自己肯定感」が得られて「不安からの勉強」ではなく、「前向きに取り組む勉強」になり、いいスパイラルで学力を上げることができます。

その状態に、親御さんが導いてあげることが大切なのです。

VAMOSでも「**子どもの表情をよく観察する**」ことは指導する者の心得として、徹底しています。子どもをしっかり観察していれば、「がんばっている表情」なのか「追い込まれている表情」なのかはすぐにわかります。

「がんばっている表情」のときはまわりもいっしょになって「イケイケドンドン」と鼓舞するのはとても効果的です。一方、**「追い込まれている表情」のときは上手にクールダウンさせて、安心材料を与えて自信を取り戻させる**ことを優先します。

ここで親が「しばらく勉強しなくてもいいよ」と声をかけるのも一案ですが、子どもによっては素直に聞けません。そんな場合は、**お母さんがついていっしょに勉強するとか、お父さんがついてお父さんは仕事をしているなどの形で、不安を共有する**こともおすすめします。

それでも「勉強しなくては」という強迫観念をもっている様子が見られるなら、思い切ってしばらく勉強を休ませ、気分転換させるのも大切です。

やる気満々で机に向かうも、笑顔がなくなった小6の女の子

難関中学の合格をめざす小学6年生のある女の子は、とてもがんばり屋さんで、VAMOSの夏期講習にも1日も休まず通ってくれました。

笑顔の可愛いお子さんでしたが、夏休みの終わり頃から徐々にその笑顔が見られな

くなっていったのです。

少し心配になった私は親御さんに連絡し、お家での様子を聞いてみました。

すると、「この夏は本当にやる気満々で、塾から帰ってからも机に向かっていて、本当に感心している」と嬉しそうに話してくださるのです。塾では宿題は出していなかったので、それは彼女の自主的な学習です。彼女の場合は、それだけ追い込まれていることを示すサインではないかと私は感じました。

翌日、塾で彼女に声をかけて話を聞くと、「お母さんから夏休み明けのテストで偏差値60は取らなきゃダメだって言われてる。でも今のままだと絶対に無理だからもっとがんばらないとダメなんです」とうつむきながら話すのです。その目にはうっすら涙が浮かんでいました。

そこで私は親御さんにもう一度連絡し、私の考えを率直にお伝えしました。親御さんははじめはとてもとまどっていらっしゃいましたが、話しているうちに思い当たることもあったようで、最後は納得された様子でした。

翌日親御さんのほうから連絡があり、お子さんと相談をされた結果、2週間ほど受験勉強をお休みすることにしたそうです。ずっと全力でがんばってきた子が、この時期に2週間も休むのは、かなり勇気がいったでしょうが、「ずっとがんばってきたからこそ、少しくらい休んでも大丈夫ですよ」と私も賛成しました。

そして、2週間後。再び塾に現れたそのお子さんは、前回会ったときとはうって変わり、明るい笑顔を取り戻していました。2週間の間、ゆっくりテレビを見たりお友だちと遊んですごく楽しかったそうです。「そうしたらなんだかまた勉強したくなっちゃった」と笑っていました。

その後、そのお子さんは息切れすることなく、受験勉強をやり切りました。特に最後の踏ん張りは私も親御さんも目を見張るほどで、その結果、見事志望校にも合格したのです。

結果として見れば、夏の「あの2週間」は、彼女のエネルギーをチャージするのにやはり必要でした。

子どもを追い込む原因の8割は親

本人が何に焦っているのか、何に悩んでいるのかにじっくり耳を傾けることも大事ですが、子どもを追い込んでしまう原因の8割は親の言動だと私は感じています。

多くの親御さんはその自覚をもっていませんが、何気なく発する「このままでは合格できないよ」「このままでは成績がますます下がってしまうよ」といったネガティブな言葉の積み重ねが、子どもをどんどん追い込んでしまっているのです。もちろん、愛情の裏返しで、おそらくご自身が子どもの頃はそのような言葉がけに奮起して育ってきたのでしょうが、**今の子どもたちは、ネガティブをポジティブに変換させる力が非常に弱い**です。

今の子どもたちを伸ばすセオリーはあくまでも「ほめること」そして「自信をもたせること」なのです。

受験校の選び方でも、チャレンジ校ばかりよりも、ある程度安全校も受験する作戦のほうが気持ち的に楽になり、自信がもてますし、結果的にチャレンジ校にも受かりやすくなります。

愛情の裏打ちがあっても、子どもを追い込んでいる張本人が「何に悩んでいるの?」「何に焦っているの?」と聞き出そうとしても、子どもはなかなか本音は言いません。もっとも子ども自身も原因に気づいていないこともあります。ですから、まずは親御さんご自身が自分の言動を振り返ってみてください。

私の経験上、**必要以上に自分を追い込んでしまうのは男の子よりも女の子に多い傾向がある**と感じます。もちろん個人差はありますが、一般的に男の子より女の子のほうが勉強に真面目なので、思うように成績が伸びなかったりすると、メンタルに大きなダメージを受けてしまいがちです。

男の子の場合は、よくも悪くも勉強に対してあまり深刻に考えない子のほうが多いのですが、とくに女の子の場合は心のケアを常に気に留めておくほうがよいでしょう。そのためにも、「勉強している姿」ではなく、その表情をしっかり見てあげてください。

近年流行のリビング学習については、子どもの性格や家庭環境によってその効果はまちまちなので、絶対的にいいとも悪いとも一概には言えない部分があります。
ただ、「勉強している子どもの表情を観察しやすい」点は確かにメリットです。

自らすすんで
机に向かっている！
の
まとめ

その行動に前向きな気持ちがともなっているか、子どもの表情を見て判断する。

子どもが追い込まれる原因の多くは親。まずは親が自分の言動を顧みて。

変化9

先生や友だちのことを「嫌い」だと家で言う

子育て成功のサイン

「嫌い」とは決してポジティブな感情ではありませんが、これを言えるのは家族の信頼関係が厚い証拠ですから、子育て成功のサインです。信頼関係が厚いのは、子どもの成績アップのベースなので、現在の親子関係をキープしてください。また、このような会話は子どもの本音を聞き出すきっかけになります。

お子さんが、「あの先生が嫌いだ」「〇〇くん、嫌い」とポツリと口にしたら、「みんなのことを好きじゃなきゃダメでしょ」なんて、**理想論でいさめるのではなく、「どういうところが嫌いなのか」「嫌いになったきっかけはなんなのか」などを具体的に聞き出してみてください。**小学校中学年以上だと、あまり根掘り葉掘り聞くと嫌がられるので、焦らず共感しながらさりげなく聞いてみます。

「あなたが悪い」と決めつけない

原因が友だちとのちょっとしたケンカであれば親が介入する必要はありませんが、いじめの前兆ということもありえます。

大きな問題があると感じたら、躊躇《ちゅうちょ》せずに保護者としてのアクションを起こすべきです。逆にたとえば、「宿題を忘れるとものすごく叱られるから先生は嫌い」のように、「嫌い」の原因が、お子さんの「甘え」にありそうな場合でも、「あなたが悪い」と一方的に決めつけるのではなく、子どもの気持ちには共感したうえで、現実的な対処法をいっしょに考えることが大切です。

人は嫌いな人の話に共感してもらえると、相手との心の距離感が一気に縮まります。それは人間の心理のネガティブな側面なのですが、親子関係においては、年齢とともに隠し事も多くなる子どもの本音を聞き出すひとつのテクニックです。**家での口数が減ってきた子がふとネガティブな話題をつぶやいたときは、会話のチャンス**です。

子どもを孤独にさせないように、SOSは見逃さないで

子どもの地頭をよくするためにも、親子の会話がとても大事なのですが、普段から会話が豊富にあることのメリットはほかにもあります。

それは、子どもがトラブルに見舞われたときに家族にSOSを発信しやすいことです。自分のピンチを1人で抱え込むのではなく、素直に家族に助けを求められるかどうかは、普段、互いにかわしている会話の量と質にかかっているのです。

ただ、子どもは思春期ともなれば、親であっても、と言うより、親だからこそ言えないことも増えてきます。

隠し事が多くなるのは成長の一過程ですが、場合によっては「誰にも言えない」状況が深刻な事態につながる危険性もあります。

子どもがかんたんに見せてくれない本当の姿を知るためには、学校の先生や塾の先生、部活の顧問の先生、近所の人々などとの連携が何よりも必要です。

常に監視する意味ではなく、立場が違う複数の大人がいつもその子の様子を観察し

ていれば、その中の誰かにふと漏らした言葉から真実が見えてくるかもしれません。
それぞれの観察ピースを持ち寄ってパズルを完成させることで、子どもの重大な隠し事が見えてくる場合もあります。
たとえば、「友だちを嫌い」の本音が「成績では勝てないライバルを必要以上に敵視して、嫌いになっている」とわかったら、塾と連携して、場合によってはクラス分けを変えてもらうとか、自信を取り戻す相談もできます。

子どもの言うことを100％真に受ける必要はありませんが、聞いてあげるという姿勢を見せることで、子どもの気持ちは安定します。その心の安定が勉強する気持ちを楽にします。
そうして**安心して勉強できる環境を整えてあげれば、学力も自然に上がるでしょう。**

大事なのは子どもを孤独にしないこと。ちょっとしたきっかけを逃さずに、家庭の中でたくさんの会話を心がけるとともに、たくさんの大人がかかわるような環境を整えて、子どものＳＯＳは敏感にキャッチしていただきたいのです。

先生や友達のことを
「嫌い」だと家で言う
の
まとめ

子どもが悪いと決めつけず話を聞くことで子どもは安心する。その安心感が学力アップにつながる。

子どもが本音を言いやすいよう、第三者とも連携する。

変化10

両親が離婚する
精神的に成長するチャンスととらえて

日本の離婚率は約35％と言われていて、離婚は今や決して珍しくありません。私も中学3年のときに、両親が離婚しています。

親の離婚によって、もちろん子どもは多少なりとも傷つくでしょう。でも、だからと言って、過剰に子どもに気を遣う必要はありません。

大事な人がいなくなってしまった経験は、ある意味、これは子どもが人間的に成長するチャンスともいえます。子どもの精神年齢が上がり、長い目で見ると、国語力のアップにもつながります。

中学入試をはじめ、現在の入試では国語の文章のテーマが日常生活だったり、現代の生活に非常に近いものが多数出題されます。

ですから、日常でさまざまな経験を積めば、いろいろな文章を読んでもイメージしやすくなります。
一般的に**精神年齢が高い子が国語が得意だと言われるのは、書かれている文章の場面の様子や登場人物の気持ちを想像しやすい点も大きいから**だと思います。

親が子どもに「これまでと何も変わらない」と言い聞かせていても、たとえば今までずっと家にいた母親が働きに出るようになるなど、物理的な変化は避けられないはずです。そこで子どもに負担をかけないようにと、親がすべてを背負いこもうとすれば、必ずどこかで無理が生じます。精神的な余裕もなくなり、子どもの前で笑顔を見せられなくなるかもしれません。

子どもにとっては、自分のために苦労している親の姿をみるほうが苦しいのです。

そういう状況の中でのもっとも大きな懸念は、子どもが、何かトラブルに見舞われたとき、自分からSOSを出すのを遠慮するようになることです。それは深刻な事態を引き起こす危険性をはらんでいるので、絶対に避けなければいけません。

親は子どもになるべく負担をかけまいと変に気を遣うより、家族に起きた変化をきちんと説明して、家事を一部負担させるなど、**これまでとは違う家族の中での新しい役割を与えてあげるほうが子どもの心は安定します。**

家族の役に立てる自信は、今の子どもたちに欠けているとされる「自己肯定感」を高めることにもつながります。

環境の変化で大変な中での勉強への取り組みをほめて頼りにしていることを子どもに伝えることで、子どもも自信と責任感を自覚し、勉強への意識が上がる場合もあります。

もちろん、子どもなりに無理をすることはあるでしょう。だから、これまで以上にたくさんの会話をぜひ心がけてください。

それによって、親子の絆が深められれば、親の離婚という大きな変化を成長のきっかけに変えていくこともできるはずです。

両親が離婚するのまとめ

子どもにはきちんと事情を話す。日常のさまざまな経験が国語力のアップにつながる。

子どもに新たな役割を与えることで、自信と責任感が深まり、勉強への意識も上がる。

変化11

親が上の子の受験にかかりきりになる

↓家族の役割を与える

家族の変化には離婚のほかに、父親、もしくは母親の単身赴任や、兄弟の受験など、さまざまなケースがあります。

たとえば、お母さんが受験を控えたお兄ちゃんにかかりきりになれば、妹はこれまでのようにお母さんに甘えられなくなります。放っておけば、自分がおざなりにされていると感じ、不満をどんどん募らせ、兄に対して敵対心を抱くようになっても不思議ではありません。

しかし、**避けてほしいのは、「上の子が受験だから、ついでに下の子もいっしょに塾に通わせる」こと。**

いっしょに通わせても、親は受験生の上の子にかかりっきりになるので、下の子はかえって疎外感をいだきます。

そうではなく、上の子が塾に行っている間は、下の子と思いきり遊ぶなど、下の子との大切な時間にしましょう。

また、夏休みだったらいっそ自然体験キャンプとか、英会話の短期留学とか、上の子とまったく別のことをさせたほうがよいですね。子どもがワクワクするところへ誘うのがポイントです。

もう少しかんたんな方法としては、**代わりに思い切ってお母さんの助手、という役割を下の子に与えましょう。**「これから、半年間、お風呂掃除やってね」とか「料理のお片づけしてね」とか……。最初は文句を言うかもしれませんが、新しい役割を果たす中で家族の中での自分の存在意義を確認して自信をつけ、精神的にも安定して、そのうち自然にお兄ちゃんを応援しはじめるはずです。

一方で、上の子が塾に行く前や帰ってからは、上の子の話をきちんと聞くなどして、しっかり受験生のケアをしてください。

家族の変化をまわりに隠さないで

もうひとつ大事なのは、そのような家族の変化を、担任の先生や塾の先生、習い事の先生、友だちの親など、子どもを取り巻く大人たちに隠さないことです。

ＶＡＭＯＳに通うお子さんの保護者からも、家族の変化についてのご相談を受けることがたびたびあります。そういう状況の共有がなされさえすれば、たとえば父親の単身赴任が決まったお子さんには、少し父親的な目線も意識しながら接することを心がけるなど、我々も自分の役割を変えたりします。

そうやって本人やまわりが変化に合わせて新しい役割を果たしてこそ、子どもは結果的にそれまでと変わらず安定した気持ちで勉強にも励むのです。

子どもを親だけで育てようとしては損をします。子どもを伸ばす親御さんは、まわりの人を上手に巻き込みながら、たくさんの大人の目がお子さんに注がれるような環境を整える努力をされているのです。

親が上の子の受験に
かかりきりになる
の
まとめ

下の子に上の子と同じことをさせるのではなく、我慢させるのでもなく、新しい役割を与える。

上の子がいないときは下の子をケア。上の子に対してはきちんと話を聞いて受験生としてケアしよう。

コラム2

ネットで学校や塾を調べるときの注意点

数字しか信じない

ネットとの付き合い方という意味では、むしろ、子どもより大人のほうが反省すべき点があるかもしれません。

たとえば子どもの受験などに際しても、ネットにあふれる玉石混淆の情報に惑わされ、判断を誤ってしまう人は珍しくありません。私は、子どもとネットとの関係を不安に思う親御さんの相談によく乗りますが、悩みの内容がネットで読んだ噂レベルの話であることも多いです。

当たり前ですが、ネットにある情報は必要に応じて取捨選択をしてください。

ネットの情報だけでわかった気にならない

たとえば、学校選びをする際、「のびのびと学校生活を送れる」という売り文句やレビューに大きな魅力を感じたとしても、本当に「のびのび」できるかどうかは、お子さんと学校との相性次第です。「一流の塾」だと絶賛される塾だとしても、通うのに1時間もかかるような場所にあれば、お子さんにとっては一流だとは言えません。

つまり**ネットから一方的に流れてくる情報は決してオーダーメイドではない**のです。

私は仕事柄、たくさんの学校に足を運びますが、行ってみてはじめてふれる事実はたくさんあります。ネガティブな噂ほど広がりやすいネットの特性のためか、特にポジティブな情報ほどネットには載っていないと実感します。私の知り合いの校長先生も、それだけで判断されると困るので、ネットには細かい情報は載せてないと言います。

ネットで学校や塾を見るときは、所在地や人数、広さなどの公式データのみを参考になさってください。

「うちの子に合っているかどうか」を判断するためには、やはり実際に足を運び、

自分の目で確かめた情報が必要です。そこに親としての直感をプラスしてはじめて、正しい判断ができるのです。

つまり、ネットで大量の情報を得てわかった気になるのは、とても損なのです。

これは何事においても言えることですが、**とりわけお子さんの教育に関しては、決してネット情報だけに頼ってはいけません。**

3章

こんな過ごし方は、子どもを賢くする「チャンス」！

社会が多様化している今、子どもの生活は親が子どもだった時代とは違ってしまっています。それを踏まえて、日常のさまざまな出来事を子どもを賢くするチャンスにつなげましょう。そのための方法をお教えします。

＼チャンス１／

今週末、特に予定がない！

思考力やプレゼン能力を伸ばすチャンス！

今後の社会を生き抜く力として「思考力」「判断力」が求められているにもかかわらず、「じっくり考える」ことを苦手とするお子さんは非常に多いです。

もし、お子さんにもその傾向があるとすれば、それは非常に深刻な弱点だと言わざるを得ません。

もちろん、「考える」のベースには「知識」も必要なので、基礎学力をつけることは大前提ですが、それをもとに「考える」ことができなければ、これからの入試やいずれ出て行く社会に対応するのが厳しくなります。

基礎学力は問題ないのに、「考える」のが苦手な理由は「経験不足」。要は考えるトレーニングを積んでいないせいです。

それこそあまり深く考えたことはないかもしれませんが、1日の予定や習い事の選択など、日常の中には本来、「考える」→「判断する」場面はたくさんあります。

ところが、少子化の影響か、そのすべてで先回りして道筋を整えてしまう親御さんが増え、それが現代の子どもの受け身な資質にぴったりハマって、結果的に子どもが「自分で考えて、判断するチャンス」がどんどん奪われているのです。

そんな中、**考える力、判断する力を伸ばすには、日常生活の中で「考える」「判断する」機会を逃さないようにして、その力をトレーニングする必要があります。**

過ごし方は自分で決めさせる

たとえば、週末の予定が特に決まっていないのなら、それは大きなチャンス。

お子さんに今週末の予定を**自分で「考える」「決める」というミッションを与えてみてください。**

「考える」「決める」が苦手な子は最初はかなり苦戦するでしょうから、いくつかの選択肢を与えることからはじめてみてもよいでしょう。

もちろんここでも、考えるベースとなる知識や情報が必要です。

月に1回でも2回でも、このようなミッションが習慣になれば、子どものほうも、それを考えるための情報――たとえば、ニュースや近所のイベント情報などに多少なりとも敏感になり、それとともに「予定を考える」スキルは上がっていくはずです。

「考える」「決める」がスムーズにできるようになったら、そこから一歩進んで、「なぜそこに行きたいのか？」まで深掘りさせてみましょう。子どもが説得材料を揃えて親を相手にプレゼンすることまで、ぜひ実践させてください。

今後、プレゼン能力が求められる理由

実は今、いわゆる上位校と呼ばれる学校では、この「プレゼン能力」の育成にとても力を入れています。今後、社会において「プレゼン能力」が重要だと推測されているからです。だったらいっそ最初からプレゼン能力の高い子を入学させようと学校が考えるのは自然の流れでしょうから、今後は入試でもそのような能力が問われる傾向になります。

「プレゼン能力」は、ただひたすら机に向かっているだけでは身につきません。でも、

週末の予定を決める、といった一見些細《ささい》に見える機会をうまく生かせば、実生活の中で自然と磨けます。

プレゼンはその質が重要ですから、たとえば「ディズニーランドに行きたい理由」が年齢相応の説得力のあるものとなっているかは、しっかりみておきます。

「ミッキーマウスに会いたいから」という単純な理由からまったく進歩がなかったり、「なんとなく」とか「ほかに行きたいところがないから」など、行きたい場所が「ディズニーランド」である説得力に欠けるような回答では、「プレゼン能力」は磨かれているとは言えません。

急にすばらしいプレゼンをするのは無理だとしても、親が少しずつその質が上がって行くように促す工夫は必要でしょう。

大人の気持ちを動かすような魅力的なプレゼンができたなら、ディズニーランドに限らず、多少遠くて費用がかかるところでも連れていってもらえる、というニンジンをぶら下げるのもよい方法です。

週末の予定を決めるときだけでなく、何気ない普段の会話でも、上っ面な会話で終わらせずに、「どうして？」「なぜ？」と理由を問う習慣を親御さんがもつのもよいですね。自分がなぜそう思うのか、なぜそうしたいのかを常に考え、表現することは「プレゼン能力」を鍛えるためにとても役に立ちます。

お小遣いも、月々いくらと決めて渡すより、子どもが必要なときに、必要な額を渡すやり方がおすすめです。なぜなら、そのやり方なら、「いくら必要なのか」「その金額の根拠はどこにあるのか？」というプレゼンの機会が必ず生まれるからです。

スイカなどの電子マネーは便利ですが親がいつも十分にチャージしてしまい、子どもの買い物にまで自由に使わせてしまうと、金銭感覚を失うだけでなく、プレゼンの機会も失います。

テストでの配点が高い記述問題を苦手とするお子さんは多いですが、そういうお子さんは例外なく日常の会話が稚拙です。会話が幼稚なのに、記述問題が得意なお子さんは見たことがありません。文章を書くより、話すほうがハードルが低いので当然です。

「プレゼン能力」とは、自分の考えをわかりやすく説明し、相手を納得させる力です。「記述力」の向上にもつながり、国語の試験にも確実に役立ちます。実はペーパーテストでも、「プレゼン能力」はしっかり問われているのです。

頭ではわかっていてもうまく表現できないお子さんは非常に多いですが、入試云々のみならず、将来何をめざすとしても大きなハンディになると私は考えます。

でも、不安に思うことはありません。

2020年からの教育改革でも大きなテーマになっている、**「考える」「判断する」**、**そして「表現（プレゼン）する」の3つの力は、親御さんの態度と家庭での習慣次第で十分磨けます。**

今週末、特に
予定がない！
の
まとめ

予定を子どもに考えさせ、発表してもらうことで思考力やプレゼン能力が自然に身につく。

親が納得するよう工夫するのもプレゼン能力の一環。親は手出しせず、子どもの工夫を待って。

チャンス2

いっしょに買い物に行く

食べ物の産地や旬をチェック

勉強時間が少なくても、成績がよい子どもがいます。

それを見て、「あの子は地頭がいい」などと、あたかもそれが生まれつきの資質であるかのように思われるかもしれませんが、地頭がいい、悪いは結局のところ、「知識の蓄積量」の違いと私は思っています。

机に向かう以前にベースとなる知識が蓄積されていれば、その子にとって勉強とは、その知識の整理に過ぎません。あらゆることを教科書で初めて知るより、スピーディにそして確実に理解できるのは当然です。

つまり**大事なのは、「勉強時間」以外でどれだけのことを学ぶか。**机に向かわなくても、塾に通わなくても、「学ぶ」機会は日常にあふれています。

スーパーなどのお店は「社会勉強」にうってつけの場所

中でも体験をともなう「買い物」はまさに理想的。普段は宅配で済ましていたり、親だけで行く方もいらっしゃるかもしれませんが、せめて週に1回か2回はぜひお子さんといっしょにスーパーや商店街で買い物をすることをおすすめします。

たとえばバナナを選ぶとき、パッケージやシールにはフィリピン産、エクアドル産という文字が書かれていて、その産地を物語っています。

肉売り場では、たくさんの牛肉がアメリカから輸入されていると学べますし、魚売り場ではエビやイカがアジア諸国から輸入されているのを実感できます。

買い物は文字どおり、「社会勉強」なのです。売り場で、目の前にある「事実」を「知識」として蓄積できていれば、いざ、教科書で同じことを学ぼうとするときに楽です。文字で読むより、「実感」もともなう分、かんたんに忘れないメリットもあります。

そして、やはり、そこには親御さんからのちょっとした働きかけが必要です。

「秋になって、ぶどうがたくさん並んでいるね」

秋から冬は
りんごの
季節だよ
それで
りんごが
大きいんだー

「この牛乳は小岩井農場ってところのものだけど、小岩井農場って、どこにあるんだろうね。スマホで調べてみよう」

「アメリカ産の牛肉は安いね。遠い国から輸入しているのになぜこんなに安いのかな?」

そんなふうに声をかけたり、疑問を投げかけたりして、お子さんの興味を引く工夫が大事なのです。調べたいことが明確なら、その先は、パソコンやスマホというツールを使えばすぐに解決できるのですから、時間を置かずにすぐに答えを見つけてください。

知ることが身近にあり楽しいと思えれば、日頃の勉強や暗記も楽しくなります。

たとえば、東大生は学ぶことを楽しむ人が多いです。クイズ番組でも東大生が強いのは、彼らがたんに頭がよいだけではなく、知識を増やす面白さを知っているからでしょう。

ときには子どもが興味をもつテレビもうまく活用して

また、同じことがテレビ番組にも言えます。

特にニュース番組や最近非常に流行っているクイズ番組、知識を得られるバラエティ番組などは、ただ漫然と見るのはとてももったいなく、お子さんの興味がそこに向くようにうまく声かけをすれば、楽しみながらさまざまに学べる最高の教材になります。

そういう意味でも家族の会話は本当に大切で、買い物にしろ、テレビ番組にしろ、そこで**目にしたものをきっかけに、たくさんの会話を重ねることが、お子さんの地頭をよくする秘訣**なのです。

ただし、忘れてはならないのは、日常生活での「学び」は、「勉強」とは別のものだということです。

いかにも教え込もうとしているような態度はかえってお子さんの興味を削いでしまい逆効果なので、「教える」より、「いっしょに考える」ことが大事です。親御さん自身も楽しく学ぶ姿勢を見せれば、子どもも乗ってきやすいものです。

その辺のさじ加減は確かに難しいのですが、この辺の話題は食いつきがいいとか、これ以上突っ込むとそっぽを向きはじめるとか、親御さんのほうもトライ&エラーを重ねながら、我が子にちょうどいいバランスを見つけていただきたいと思います。

いっしょに買い物に行く
の
まとめ

お店で産地や製造元、旬などを見ることで、食育や社会勉強になる。

教えるのではなく、「いっしょに考える」こと。教え込もうとすると子どもは興味がなくなる。

チャンス3

部活動や習い事をはじめる

強いチームに入るのは吉か？ こだわりたいのは「輝ける」環境

子どもにとって学校、もっと言えば学校のクラスという「社会」は、大人が想像する以上に大きな意味をもちます。学校がすべてなお子さんの場合、心配なのは、それが自分の世界のすべてになってしまうこと。クラスでの本人のポジションが絶対的なもののように錯覚してしまうことは、子どもの視野を狭めかねません。

もちろん学校のクラスで上位の成績を収めているとか、リーダー的な存在であるなら、それは自信につながりますので、心配する必要はありません。けれど、クラスにおいての自分の立ち位置に不満があったり、劣等感を感じている様子があるなら、別の環境が絶対に必要です。

同じ学校でも「部活動」という別のカテゴリーや、「校外での習い事」は、違う世界に身をおくチャンスになります。

もちろん、自らの意思でチョイスできるのは部活や習い事のよさでもあるので本人がやりたいことを選ぶのが原則なのですが、そこが「勝てる場所」あるいは「輝ける場所」になるよう導くことは親の役割でしょう。

その理由は**「勝つ経験」「輝く経験」こそが、子どもに大きな自信を与えるからです。「自信」こそが子どもが伸びるエネルギー源**なのです。

自信は車におけるガソリンのようなもの。ガソリンがたっぷりあればあとはアクセルを踏むだけで、車は動き出せます。でも、ガソリンが空っぽの車はアクセルを踏み込んでも動かせませんし、その量が少なければすぐに止まってしまいます。

十分な自信のある子は、きちんとアクセルを踏めば、つまり、やり方さえ間違わなければ必ず伸びます。その一方で、自信がない子は、そもそも必要なエネルギーが不足しているので自走できないのです。

親は冷静に助言し、最終的な判断は子どもにまかせる

たとえば、子どもが運動部に興味をもっているなら、どれくらいの運動能力をもっている子たちが集まるのかを事前にリサーチして、部活でうまくやっていけるのかを親も確認しておくことは最低限必要でしょう。人気があるだけで選んでいざ入部してみたらまわりはすごい子たちばかりで、3年かかってもレギュラーになれるイメージが湧かないのでは、輝くどころか、劣等感ばかりを抱いてしまいます。

運動部もいろいろですから、ここなら輝けそう、と思えるところは必ずあるはずです。子どもは外から見たイメージに惑わされがちなので、親からの冷静な助言もとても大事です。

もちろん、**最終的な決断はお子さんにまかせる**ようにしてください。たとえば、レギュラーになれない可能性が高いことは覚悟したうえで、どうしてもこの部でがんばりたいと子どもが言うのなら、それを見守るしかありません。ただ、その場合は部活以外の習い事などで、「輝ける環境」も探すこともあきらめないでください。

また、（輝ける環境を選んだことで）「勝つことは大事でも、いつも楽に勝っていては、子どもが努力しなくなるのではないか」と考える方もいるかもしれませんが、それはお子さんのタイプによります。

ものすごく負けず嫌いで、かつ、能力的にもあと一歩でさらに上にいけそうなお子さんなら、あえて少し背伸びしたレベルで勝負すれば、「努力すれば目標を達成できる」ことを学ぶでしょうし、実際に目標を達成できればそれで大きな自信を得られます。

お子さんがそのタイプなら、実力より少し上での環境を選んでみるのもよいでしょう。

でも、そもそも誰かと競うことが得意ではない子、負けず嫌いではない子の場合は、勝てない環境では自己肯定感が下がってストレスをためるか、どうせ自分はダメなんだ、と開き直るかのどちらかになってしまう可能性が高いです。

それを防ぐためには、「輝ける環境」の部活や習い事を大いに活用すべきです。

これは勉強も同じ。日頃の勉強も「解けない問題」ばかりではなく「解ける問題」

をしっかり解くことで、自信がついて、いつのまにか解けないものも解けるようにな
ります。

部活動や習い事をはじめるの

まとめ

「輝く経験」は子どもが伸びる最大のエネルギー。輝ける環境かどうかを親はチェック。

「輝く経験」は勉強も同じ。解けるものからやって自信を深めよう。

チャンス4

旅行に行く

「未知」を減らして、好きなものを増やすチャンス

日常から学ぶ一方で、**大事なのは、「非日常」の体験**です。

普段とはまったく違う場所に行くことは、それだけでも視野を広げ、伸びしろを広げます。

また、たとえば「世界遺産」とか「歴史的建造物」に対する理解にしても、本やテレビで見るより、実際に足を運ぶほうが深まるのは確かでしょう。

つまり、旅行とはそれ自体が子どもを伸ばす絶好のチャンスなのです。

何も遠くまで行く必要はなく、基本的に行き先はどこでもいいですが、優秀なお子さんの親御さんほど、ユニークなテーマの家族旅行——たとえば古墳をめぐる旅行とか、タワーをめぐる旅行などを楽しんでいらっしゃる印象はあります。

ただし、それによって、親がお子さんに何かを教えこもうとしているわけではあり

ません。つまり、勉強のための旅行ではなく、あくまでも「意外なことに子どもが興味をもつかもしれない」というタネまきの機会にしているのです。

歴史に興味をもたせたいから京都に行く、東大に行かせたいから赤門を見に行く、などと子どもに「興味をもつこと」を強制すると、ほぼ間違いなく失敗します。

好きになる、興味をもつとは、内側からあふれる感情なので、親の力でそれをもたせようとしてもうまくいきません。

親は教え込むのではなく、興味の「タネ」をまいて

だからこそ大事なのは、親がたくさんのタネをまくこと。逆に言えば、**いかに「未知のこと」を減らすかが重要**なのです。

旅行は「未知」を減らす作業の一つだと言ってもいいでしょう。とにかくいろんな場所に出かけて「未知」を減らせば、好きなものを選ぶ選択肢がどんどん広がっていくわけです。

時間が許すなら、できるだけたくさんの旅行の機会をもっていただきたいです。

旅行といっても大げさに考える必要はありません。大事なのは普段とは違う場所に出かけることです。

すぐ近くでも降りたことのない駅で降りる、自転車で少し遠くの街に行ってみる、都会暮らしをしているなら山や川や海などに出かけるといったことも、立派な「非日常体験」です。

隣町で拾った小さなタネが、将来大きく花を咲かせる可能性だってあるのです。

旅行に行く
の
まとめ

非日常は子どもが伸びる大きなチャンス。遠くでなくても、普段とは違う場所に行くだけでよい。

親が興味をもつものを教え込むのではなく、子どもが自ら興味をもつようタネをまくこと。

チャンス5

キャンプに行ってみる

解決力が育つチャンス

教育にかかわる人たちの間では、キャンプがとても評判がよいようですが、残念ながら私自身にはキャンプの経験はありません。

それでも、キャンプが子どもたちを大きく成長させる、と絶賛される理由は十分理解できます。

それは、**「ハプニング」に出会う確率が高い点**です。

最近のお子さんは、便利で恵まれた環境で育っているので、「どうしようもなく困った状況」に陥ることが滅多にありません。

「困った状況」のどこがいいのか。それは、**困った状況の中では、「考える」ことや、「判断する」ことが避けては通れないからです。そうして困った状況を解決する力をつけるのです。**

ですから、多くのお子さんにとってウィークポイントとなっているその力を鍛えるのに、キャンプのようなハプニングがつきもののイベントは絶好のチャンスとなるのです。

テントが安定しない、食事をつくろうとしてもなかなか火力が上がらない、缶詰をもってきたのに缶切りを忘れた、など起こりがちなハプニングは枚挙にいとまがありません。

楽しむためにやってきた、せっかくのキャンプでそのようなことが起こったら、大人だけでうまく解決しようとしがちですが、それはとてももったいないこと！

子どもといっしょに家族や仲間で知恵を出し合って、その解決策を「考える」経験は、子どもたちの思考力、とりわけ、型どおりではない柔軟な思考力を鍛えるのに大いに役に立つのですから、それを利用しない手はありません。

受験本番は１人の闘いです。本番で何が起きても、対処法さえ考えられれば自分で乗り越えられます。

自然の中に、学びのチャンスがある

また、キャンプの段取りをすべて子どもにまかせるのがよいとも言われますが、私自身はそれにはあまりこだわらなくてもいいと考えています。

というのも、**キャンプの段取り以外でも、普段とは違う発想が必要になる場面はたくさんある**からです。

テレビもなくて、ネットもつながらない自然の中で、どう過ごすか。それを自分で考えることだって、日々のスケジュールをこなすだけになりがちな最近の子どもたちにとっては貴重な経験です。キャンプ自体の段取りは親が受け持って、子どもを自由に遊ばせるのも一案です。

そういう意味では、せっかくキャンプに来たのなら、あまり細かいスケジューリングはせずに、安全を確認しつつ、いい意味で子どもたちを放置することも大切です。

河辺で見つけた石の形が、自分の家の近所でみる石より丸みがあることに気づくかもしれません。夜空に広がる星空に魅了され、宇宙への興味を広げるかもしれません。

そのような気づきや興味の蓄積も、いわゆる「伸びしろ」につながっていくのではないでしょうか。

非日常の世界では、普段とは違う時間の過ごし方をすることも大事です。お子さんがひたすら石を拾っていたり、星空に見とれているときに、たとえば「もう食事ができたよ」などと、次の段取りを急かしたりせず、温かく見守ってください。

親から見ると、ただぼーっと過ごしているように見える場合もあるでしょう。せっかく来たからには、効率よくいろんなことを経験させたいと欲張りたくなるかもしれません。けれども、非日常に身をおくこと自体が、お子さんにとっては貴重な体験であることに違いはないのですから、どう過ごすかは子どもの意思にまかせてみてはいかがでしょうか。

そこで得た気づきや驚きは、お子さんの成長を大いにうながすはずです。

キャンプに行ってみるの

まとめ

不便さの経験は子どもの解決力を伸ばすチャンス。親は必要以上に手出ししない。

安全を確保のうえで、子どもを自由にさせて自然から学ぶようにさせる。

チャンス6

漫画やテレビドラマに夢中になる

「一般的な生活観」を学ぶチャンス

漫画やテレビドラマが勉強の敵になると思っている親御さんもいらっしゃいますが、むしろ積極的に活用すべきです。

ストーリー性があり、イメージを膨らませやすい漫画やテレビドラマには、子どもの興味を広げたり、夢を育てる力があります。

漫画『宇宙兄弟』（講談社）を読んで宇宙が好きになったお子さんは多いですし、ちょっと古いですが、VAMOSの卒業生にも木村拓哉さんのテレビドラマ『HERO』を見て検察官をめざすようになった子もいます。そういうお子さんたちがそれをモチベーションに勉強への熱を高めたのは言うまでもありません。

勉強へのモチベーションを左右するのは、あることに対する強い興味やその先にある夢なのです。

漫画やテレビドラマのメリットはそれだけではありません。

それは、**生活が多様化する現代において揺らぎはじめている「一般的な生活観」を学ぶチャンスにもなる**のです。

現代を生きる子どもたちにとってはむしろこちらのメリットのほうが大きいのかもしれません。

電子マネーが当たり前になっていませんか?

VAMOSの小学6年生のクラスでこんなことがありました。

「地球環境保護に向け、フロンガスを出さないためには、何を心がければいいのか」という問題をみんなで考えていたところ、「冷暖房をこまめに切る」と意見が出ました。

もちろんこれは模範解答の一つです。

ところがそれに対して、きょとんとした表情を浮かべた子がいたのです。

聞けばその子の家では、全館空調が整っているのだとか。つまり、その子にとって冷暖房とは、自分の意思でつけたり消したりするものではないわけです。

これは極端な例であるにしても、価値観や生活スタイルの多様化がこれだけ進んでいく世の中では、何が「一般的」なのかがとてもわかりにくくなっているのは事実です。ある家庭にとっての「常識」が、隣の家庭では「非常識」である可能性だってあります。

ただ、**入試問題や子どもたちがふだん学校で受けているテストは、「かつて一般的だった生活観」がベースになってつくられているのは否めません。**

たとえば、1000円を出して、150円のみかんを2個と、180円のりんごを1個買ったらお釣りはいくらか、というオーソドックスな問題のベースにあるのは、「買い物＝現金」という、従来の常識です。

一方で、今や、買い物に現金を使わない家庭もあります。親の買い物はクレジットカード、子どもがもつのは電子マネー（スイカやモバイル決済など）という家庭で育った子どもは「お釣り」の発想をもつこと自体が難しいでしょう。

その点、いわゆる大衆向けにつくられる漫画やゴールデンタイムに放送されるテレビドラマの多くは、多様化する価値観の中でのうまい落とし所を見つけ出し、いかに多くの人に共感させるかを狙ってつくられています。だからそこには現金で買い物をする場面も登場するなど、現在の「一般的な生活観」がベースになっています。

もちろん、特殊な世界を描いた漫画やテレビドラマもありますが、それは「一般的な生活観」をベースにしているからこその特殊性なのです。つまりドラマの登場人物が、すべてがＡＩ化された家に住んでいたとしても、それを「特殊だと感じるのが一般的」という考えのもとに設定されています。

だからこそ、そんな漫画を読んだり、テレビドラマを見ることは、失われつつある「一般的な生活観」に自然に触れるチャンスになるのです。

自分の家庭の様子とは違っていたとしても、**テレビで「普通の家庭」として描かれているそれが、世の中一般の家庭の姿なのだと、子どもは自然と理解するようになります。**うちはたまたまカードで買い物をしているけれども、社会一般では現金を使うことが多いのだな、とすんなりと受け入れるのです。

どんな本や漫画でも見聞は広がる

また、人気のある漫画、ドラマなど、流行りのものには、当然ながら多くの人の心の琴線に触れる秘訣が隠されています。

実際に本人がそれにハマるかハマらないかは別としても、見聞を広げる意味では、そういうものに触れておいて損はありません。

どんな漫画がよいか、どんなテレビドラマが子どもの学びによいかとよく聞かれるのですが、明らかに不適切なものでない限り、基本的にはお子さん自身がチョイスするものを読ませたり、見せたりすればよいのです。

親はどうしても、「子どもによいもの」「子どもの学びになるもの」を選んでやりたいと思いがちですが、その視点で選んでしまうと、子どもの本当の意味の学びのチャンスを狭めてしまう危険性もあるからです。

VAMOSに通う子どもたちの間で一時期流行っていたのは『コウノドリ』(講談社)という産婦人科をテーマにした漫画でした。「子どもに読ませたい」視点ではおそらく選ばれないものでしょう。
けれどもこの漫画を通じて子どもたちは命の尊さや、産婦人科医の現状などを学んでいました。それが直接学力に反映されるわけではなくても、その学びは決してムダになりません。
読書のところでもお話ししましたが、子ども自身の「読んでみたい」「見てみたい」気持ちは、たとえその対象が漫画やテレビドラマであったとしてもどうか尊重してあげてください。

漫画やテレビドラマに夢中になる
の
まとめ

生活が多様化している今、ドラマや漫画は一般的な生活や社会観を学ぶのに役立つ。

人気のあるドラマや漫画は、どんなものが多くの人の心の琴線に触れるのかを知るチャンス。

＼チャンス7／

将来についての話をする

夢を育てるチャンスだが、将来を限定しすぎない

「夢をもつこと」や「将来の夢を語る」は、もちろんとても前向きですばらしいアクションです。そういった夢を育むため、学校教育においても職業体験や出張授業などが積極的に行われているようです。

でも、私はこれには少し疑問をもっています。

今の社会や文化がこの先も続くとは限らない

職業体験や出張授業で、疑似体験したり、当事者からそのやりがいを聞いたりすれば、その職種に多少なりとも興味をもちますし、人生の見聞も広げるでしょうが、その職種が10年先も今のままの形態を保っている保証はどこにもありません。

たとえば、2011年にアメリカの小学校に入学した子どもたちの65%は、今は存

在していない職業に就くだろうと言われています。

子どもたちを待ち受けるのは、ロボット化、ＡＩ化がますます加速する未来です。

２０２０年からの教育改革も、**「予測ができない未来を生き抜く力」を身につけることを目的として行われる**ものです。その力とはすなわち、時代の変化に対応しながら、世の中で必要とされる仕事を自ら生み出す力だと言ってもよいのではないでしょうか。

すでに今の世の中でも**成功者と呼ばれる人の多くは、既存の枠にとらわれないビジネスを興した人たち**なのです。

ですから、これからの世の中においては、率直に言って、現時点で描く夢をそのまま持ち続けられる可能性は高くありません。

動画をネットにアップしたり、ネットゲームを極めて億単位のお金を稼ぐなど、10年前に誰が予想したでしょうか？

それを踏まえて考えれば、10年後の未来には現時点で想像し得ないユニークな職種があふれているのかもしれません。

子どもを伸ばす親の「柔軟性」とは

「この学校に入りたい！」というような目の前の夢はもちろん具体的であるべきです。

でも、今のように変化が大きい時代においては、5年以上先の夢を無理に決める必要はありません。親がある一定の職業を無理にすすめる必要もありません。職業を考えるにしても、「人の役に立つ仕事」「とにかく儲かる仕事」くらいに抽象的であるほうが、子どもたちの可能性は大きく広がると私は確信しています。

そのためには、親は子どもと、「将来、どんな生き方をしたいか」について話すといいと思います。「田舎に住みたい」とか「満員電車に乗りたくない」とか——。

また、大学受験に際しては、就きたい職業を限定して学校や学部を選びがちですが、私は似たような理由で、あまり賛成できません。大学に入学した後に大きく価値観が変わったり、これまで考えてもみなかった分野への興味がふつふつと湧いてくる可能性を潰してはいけないと思うのです。

大学側の事情もあるでしょうが、本来であれば、細かく学部や学科を分類して受験させるのではなく、入口はもっとファジーであるべきというのが私の考えです。

そういう意味でも、文系・理系の区別だけで入学者を選抜し、具体的な学部の選択は3年生まで猶予する東京大学のシステムはやはり非常にすばらしいと思います。

理想的なのは、学びたいこと、深めたいことを優先した結果、やりたい仕事が見えてくること。

これからの時代は、夢からの逆算より、そういう発想が大事なのです。

大事なのは、親が「縦のライン」で考えないこと。「縦のライン」とは親世代と子ども世代を直接比較することです。

入試制度が変わる今、保護者に求められるのは柔軟に対応する力です。学校名にこだわらず、自分の目で直接見て学校を選ぶことはもちろん、自分の時代の塾通いや勉強の仕方を頭ごなしに子どもに押し付けないこと。こうした**「将来は常に変化するものだ」という親の柔軟な意識が、子どもの成長を促し、学力を伸ばします。**

親が子どもの状況に応じて、柔軟に考え方を変えられれば、たとえば、子どもの成績の上下にともなう、習い事等の変更もできます。

また親が頑なに自分の教育信念（古い考え方）等に縛られて、今の教育を受け付けなかったら、学校選びや塾選びでも後手になります。

夢は勉強のモチベーションになりますから、それをもつこと自体はすばらしいです。

ただ**夢の実現にこだわるのではなく、状況に応じて路線変更する「柔軟性」も、新しい時代を生き抜くためには必要な能力のひとつ**だということです。

将来についての話をするの

まとめ

今の社会が10年先も続くわけではない。必要なのは「予測できない未来」を乗り越える柔軟な力。

親も柔軟な考え方をもつと、子の可能性が広がる。

チャンス8

お金の話をする
生きる力を育てるチャンス

日本人はとかく、お金の話を避ける傾向があります。

そのため、お金に関する教育も諸外国に比べ、かなり遅れているのが現状です。

自己破産を多く扱う弁護士さんの話によれば、そもそも自分の収入に応じた生活を営むという当たり前のことができない若い世代が非常に多いのだとか。

金融リテラシー、つまりお金に関する知識や判断力が身につかないまま大人になっているにもかかわらず、一方ではクレジットカード、モバイル決済などのサービスが気楽に利用できる社会は出来上がっています。便利さの裏にあるリスクをきちんと理解せぬまま安易に利用してしまった結果、金銭的な窮地に陥るケースが後を絶たないのだそうです。

仮想通貨などの新しい金融商品も続々と登場しましたが、**その仕組みを理解できな**

ければ、その恩恵にあずかることはできません。年金などの社会制度の行く末も不透明な未来を生き抜くためには、お金に対する正しい知識と理解は欠かせないでしょう。そのためにも、家庭での会話において、お金の話をタブーにしないことはとても大事です。

たとえばゾゾタウンをつくった前澤友作氏は月に行こうとするほどの財をなぜ築けたのかなどを、家族の中で夕食の話題にするくらい、お金の話は身近なテーマとしてとらえるべきです。

お金の話は成績の話に通じるものがあります。努力はもちろん大事ですが、**受験生に必要なのは客観的な数字。**いいか悪いかは別にして、定量的に数字を見せて、現実的かどうか子どもに判断させることが受験には必要です。

最近の学校教育では、子どもに定量的な目標をあまりもたせないことが多いのですが、ただ「がんばる」だけでは、子どものモチベーションはなかなか長続きしません。数字で表す目標を掲げることで、それに向かって自分の勉強を続けられます。受験においては、「がんばる」「一生懸命」などの抽象的な言葉をなるべく使わない習慣をつけるほうがよいと私は考えています。

「すばらしい点」ばかりでなく、現実をきちんと教える

ですから、将来の職業の話をするときも、小学生くらいまでは、夢や希望がもてるキラキラした姿だけを話題にしていけばよいでしょうが、中学生以降のお子さんには、その仕事で具体的にどれくらいの報酬があるのかという、シビアな部分に触れておくのも大事だと思います。

私はサッカー選手のエージェントの仕事もしているのですが、思うことがあります。

小学生ならサッカー選手を無邪気に夢見るのもいいでしょう。でも、中学生くらいからは、海外のチームに所属し、日本代表に選ばれて、夢のような年俸を得られる選手はほんの一握りであること。さまざまな試練を乗り越えてＪリーガーにはなれたとしても、Ｊ３の選手の場合はサラリーマンの平均年収を稼ぐのがやっとという**金銭的な現実から目を背けさせてはいけません。**

もちろん、お金だけが大事なわけではないですし、「だからあきらめなさい」ではありません。たとえ、年収が高くなくても「夢を与える仕事を選びたい」という判断は尊重すべきだし、ひと握りの日本代表という夢を追いかけ続けるにしても、自分の実力を冷静に見たうえであれば、否定する必要はないです。その夢を肯定するか、調整するか、思い切ってあきらめるのかは、あくまでも本人の判断なのです。

しかし、私が言いたいのは、その**判断材料に「お金」の情報を与えないのは、大人として無責任**ではないか、ということです。みんながお金持ちになれるかのようなイメージだけを抱かせ、現実を見せないのは、少なくとも中学生以上の子どもに対しては、むしろ酷だと思うのです。

お金の現実を知り、そのうえで判断し、その夢に対して自分なりの着地点を見つけることも、大事な「生きる力」のひとつなのです。

お金の話をするの

まとめ

お金は生きるのに避けて通れないもの。タブーにするのではなく仕組みをしっかりと教える。

よい面だけでなく現実的な数字を見せることは子ども自身の受験校の現実的な判断にもつながる。

チャンス9

ボランティアに参加する

積極的に経験するべき成長の機会。意義は正しく理解させよう

さまざまな災害に見舞われる日本ですが、近年はボランティアが大きな注目を集めています。

学校教育においても、「ボランティア」は重要な課題活動のひとつとされ、たとえば、放課後、地域の清掃などに取り組んでいる子どもたちの姿をよく目にするようになりました。

ボランティア＝奉仕活動が、子どもたちにとっても、積極的に行うべきすばらしいことなのは言うまでもありません。

ボランティアの経験は国語や社会の問題を解くうえでも十分役立ちます。新聞やネット記事を読むだけより、いろいろ経験したほうが強く印象に残り、臨場感たっぷり

に経験談を書くこともできます。

ただし、**ボランティアについてその意義を正しく理解しておかなければ、子どもたちが、ボランティア＝無条件でやるべきこと＝義務、のように理解してしまう危険性があります。**最近はボランティアへの参加が内申点にも影響する風潮があるため、ボランティアが間違った意味で「必ずしなくてはならないもの」という誤解を生んでいるように感じます。

ボランティアの意義を学んでブラック企業から身を守る

ボランティアに正しく取り組むためには、まずその意義を納得させることが大事です。

たとえば、地域の清掃はなぜ必要なのか。私ならお金の話も絡めながら、こんなふうに説明します。

「この清掃は1時間1000円くらいの報酬に値する。だからボランティアで地域の清掃に関われば、それは1000円を地域に納めるのと同じことだ。君たちはこの地域に住んでいるにもかかわらず、税金は払ってない。だからボランティアで地域に貢献する必要があるんだよ」

ボランティアにお金の話を持ち出すのは本末転倒だと感じるかもしれませんが、やみくもに「地域貢献しろ」と言われるより、よほど納得感があります。

また、**ボランティアを美化するあまり、ボランティアだけが善で、お金を稼ぐことが悪、のような思い込みをもたせるのも絶対に避けるべき**です。お金を稼ぐこととボランティアは、その意義がまったく違うとしっかりと理解させなくてはいけません。たとえすばらしい行為だとしても、ボランティアだけでは経済的自立は叶わない現実も教えることは大事でしょう。

また、ボランティアなど単なる自己満足だと揶揄《やゆ》する人がときどきいますが、私は「崇高」な自己満足だと思っています。誰かの助けになることで、自分の心が満たされるのであれば、それはボランティアをやる意義に十分値します。

その意義を絶えず考えられれば、その意義に納得できない場合はボランティアをやらない判断もできます。

そのような**判断力を身につけることは、自分の身を守る意味でも大事**です。

これは極論かもしれませんが、ボランティアはすべて正しいという思い込みは、社会人になったとき、ブラック企業での理不尽な指示を盲目的に受け入れる資質を育て上げてしまう危険性もあると私は考えます。

ボランティアの機会を成長のチャンスにするためには、ただそこに参加するだけでは不十分です。その意義を親子で話し合い、目的意識をもって取り組ませましょう。

ボランティアに参加するの

まとめ

ボランティアを実際に経験することは、国語や社会の問題を解くうえで役立つ。

目的意識がなければ、ボランティアをやっても無意味に終わってしまう。意義をきちんと話し合う。

\ チャンス10 /

オリンピックなど国際イベントに参加する

国際的イベントはさまざまなチャンスにあふれている

オリンピックやいろいろなスポーツのワールドカップ、万博など、国際的なイベントは世界を身近に感じられ、多様な人々の存在を実感できるチャンスなので、観戦などに行くのはとてもいいことでしょう。

たとえば、聞きなれない国の名前を聞いて、その国に興味をもつ可能性もあります。外国人に出会う機会も増えて、学校で学んだ英語を実践的に使うチャンスがあるかもしれません。たとえ、生で見られなかったとしてもテレビで見てもいいし、それにちなんだイベントが各地で開かれるなど、**空気感も楽しいので、子どもの興味が深掘りされるチャンス**です。

さらに、このビッグチャンスを「学び」の機会として生かしたいのであれば、「このイベントで何を学ぶか」のテーマを開催前に決めておくのがよいでしょう。

これを機会に参加国の国旗を覚える、金メダリストの国の文化について調べてみるなどでもいいですし、少し年齢が上のお子さんなら、そのイベントの経済効果について考えるのもいいでしょう。

もちろん、ガチガチに構えてしまうと、イベントへの興味自体が削がれてしまいますから、**あくまでも「楽しむ」ことを前提に、掲げたテーマに導くような会話を心がけ、お子さんがそこに興味をもてば深掘りさせる、くらいのスタンス**がちょうどいいのではないでしょうか？

そもそも、お話ししてきたように、学びの機会はいつだってどこにだってあふれています。

国際的イベントはあくまでも学びの機会の一つ。それだけに多大な期待をするのではなく、何気なく過ごす毎日の中でたくさんの会話を心がけ、そこから何かを学ばせる姿勢をぜひ忘れないでください。

オリンピックなど
国際イベントに参加する
の

まとめ

国際イベントは子どもの興味が深掘りできるチャンス。その空気を味わうだけでもいい。

テーマを決めて、柔軟に楽しむと子どももも興味がもてる。

コラム3

プログラミング教育を受けさせる意味はある？

習い事でプログラミングをしてみても

世界的に見ると、日本のＩＴ技術は非常に遅れていて、後進国の部類に入ります。日本の学生のＩＴスキルも低く、優秀なＩＴエンジニアの数も驚くほど少ないのが実情です。

たとえばイギリスでは２０１４年から義務教育の中でプログラミングは必修化されています。ほかの多くの国や地域でも、ＩＴスキルが今後の国際競争力を左右することを認識しているため、子どもの頃からのプログラミング教育によって、ＩＴ人材の育成を図っているのです。

プログラミングは「仮説型思考」を鍛えるチャンス

そんな中、２０２０年からは日本でもすべての小学校においてプログラミング教育が必修化されます。

ただしその目的は、コーディング（プログラミング言語を用いた記述方法）などの具体的スキルの育成ではなく、**「プログラミング的思考」の育成だ**と文部科学省は強調しています。

「プログラミング的思考」とは、表面的には「コンピュータに意図した処理を行わせるために必要な論理的思考」などと定義されます。これは、「なぜ？」と疑問を提起して、仮説を立てたうえで「結論」を論理的に考えることです。そんな「論理的な思考」は、あらゆる学習の根幹に関わる重要なスキルでもあります。

つまり、この**プログラミングの学習は、その後の子どもの伸びしろを左右する、「仮説型思考」の勉強の機会として大きな意義がある**のです。

少し前までは将来の可能性を広げるのは英語力だと言われ、小さな頃から英会話教室に通ったりする人が多数いました。

2020年からの教育改革の内容を見ても、確かに受験においては英語力の重要性がさらに高まりそうですが、私の個人的な感覚では、日本人はビジネスにおいては、英語力よりもプログラミング力のほうが武器になりやすいと思っています。メンタル的に英会話が苦手な日本人も多いためです。

島国のせいかもしれませんか、日本人は外国にアレルギーがまだあります。英語そのものより外国アレルギーを取り除かないと、英会話は上達しません。

学校のプログラミング授業の内容は、学校に任されているため、実際に何をやるかはそれぞれ異なります。

もし、今、新たな習い事を検討しているなら、プログラミングを候補に入れてみてもよいでしょう。

デジタルツールに慣れ親しんでいるお子さんは、大人では信じられないスピードでそのスキルを身につけ、将来に向けた大きな武器を手に入れる可能性もおおいに期待できます。

おわりに

2020年からの教育改革は、明治維新以来のもっとも劇的な改革であると言われています。

新しい学習指導要領がめざすのは、「学力の3要素」――すなわち「十分な知識・技能」「答えがひとつに定まらない問題に自ら解を見出していく思考力・判断力・表現力」「主体性を持って多様な人々と協働して学ぶ態度」の育成です。これまでの知識偏重の教育から脱却し、「知識をどのように使うのか」に重点が置かれるようになるわけです。

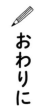

授業のスタイルも大きく変わり、これまでのような先生から一方的に教わる形式ではなく、「主体的・対話的な学び」＝アクティブ・ラーニングが広く導入されます。

それにともない、大学入試も大きく変わります。マークシート方式の「大学入試センター試験」は廃止され、代わりにスタートする「大学入学共通テスト」では、記述式問題が導入されます。また、英語は「聞く」「読む」に、「話す」「書く」を加えた4技能で評価されるようになり、国が認定する民間の資格・検定試験の結果の提出が求められるようになります。

この大きな教育改革によって、「頭がいい子」の定義も大きく変わると予想されます。すなわち、**単にたくさんの知識を持っているだけでは不十分で、「自分以外の人ともうまく関わりながら豊富な知識を活用できる子」が高く評価される時代がやってくる**のです。そもそも大規模な教育改革が実施される理由がまさに、そのような人材を社会が求めているからにほかなりません。

これまで経験したこともない大きな改革ゆえに、いったい何が起こるのか、どういう準備が必要なのかと不安を抱えている親御さんも多いかもしれませんが、ひとつ間違いなく言えるのは、「コミュニケーション能力の高さ」はこれからますます大きな武器になることです。

コミュニケーション能力を、持って生まれた才能のように勘違いする方が多いのですが、決してそうではありません。結局は、「話す」「聞く」「書く」「読む」能力になります。多くの子どもたちと接している中で私が強く感じるのは、優れたコミュニケーション能力を発揮する子には、ご家庭でたくさんの会話を重ねているという共通点があることです。

ネット時代であろうとも、コミュニケーション能力は顔を突き合わせたコミュニケーションによって磨かれます。もちろん、先生や友だちとのコミュニケーションも大事ではあるのですが、もっとも大きな力を発揮するのは、本書の中で私がくり返しお話ししてきた日常的な親子間のコミュニケーションなのです。

しっかり顔を見て、表情の変化にも気を配りながら、お子さんと会話をしていますか？　親も子もスマホの画面にばかり夢中になっていませんか？　お子さんを理解するより先に、自分の昔の価値観を押しつけたりしていませんか？

2020年以降の新しい教育システムであなたのお子さんがチャンスをつかむのか、ピンチに陥るのか——。その鍵を握るのは、新世代のお子さんの価値観に寄り添い、サインをキャッチし、理解しながら、コミュニケーションを図ろうとする、そんな親御さんの姿勢にあることをどうか忘れないでください。

最後まで読んでいただきありがとうございました。

富永雄輔

デザイン／太田玄絵
イラスト／森下えみこ
編集協力／アップルシード・エージェンシー
熊本りか、大西華子、加藤明希子
校正／矢島規男
編集／江波戸裕子
DTP／三協美術

富永雄輔（とみなが・ゆうすけ）
進学塾「VAMOS（バモス）」代表。幼少期の10年間、スペインのマドリッドで過ごす。京都大学を卒業後、東京・吉祥寺に幼稚園生から高校生まで通塾する進学塾「VAMOS」を設立。現在、吉祥寺、四谷、浜田山校の3校を開校。入塾テストを行わず、先着順で子どもを受け入れるスタイルでありながら、中学受験から高校受験、大学受験まで、毎年首都圏トップクラスの難関校合格率を誇り、日本屈指の“成績が伸びる塾”として「プレジデントファミリー」「アエラキッズ」「日経キッズプラス」などにも多く登場。学習指導のみならず、これまで約1000人のさまざまな教育相談、受験コンサルティングにも対応。幼稚園年少～高校3年生までをひとつの部屋で指導し、少人数制の個別カリキュラムを組みながら、子どもに合わせた独自の勉強法により驚異の合格率を実現して話題に。250人規模の小さな学習塾ながら、論理的な学習法や、子どもの自主自立を促し、自分で考える力の育成に効果的と、親たちから圧倒的な支持を集めている。日本サッカー協会登録仲介人として若手プロサッカー選手の育成も手がけ、アスリートと学習教育に共通する「成長プロセス」の体系化にも取り組んでいる。著書に『「急激に伸びる子」「伸び続ける子」には共通点があった！』(朝日新聞出版)、『東大生を育てる親は家の中で何をしているのか?』(文響社)、『男の子の学力の伸ばし方』『女の子の学力の伸ばし方』（共にダイヤモンド社）。
著者エージェント／
アップルシード・エージェンシー（http://www.appleseed.co.jp/）

それは子どもの学力が伸びるサイン！

2019年11月10日　第1版第1刷

著　者　富永雄輔
発行者　後藤高志
発行所　株式会社 廣済堂出版
〒101-0052
東京都千代田区神田小川町2-3-13 M&Cビル7F
電　話　03-6703-0964（編集）
03-6703-0962（販売）
ＦＡＸ　03-6703-0963（販売）
振　替　00180-0-164137
ＵＲＬ　http://www.kosaido-pub.co.jp

印刷所
製本所　株式会社 廣済堂

ISBN 978-4-331-52244-8　C0095